Joelias Silva Pinto Júnior

COMUNICAÇÃO DISPOSITIVO-A-DISPOSITIVO

O Consumo Energético da Comunicação D2D em Redes 5G

EDITORA CIÊNCIA MODERNA

Comunicação Dispositivo-a-Dispositivo - O Consumo Energético da Comunicação D2D em Redes 5G

Editor: Paulo André P. Marques

Produção Editorial: Dilene Sandes Pessanha

Capa: Daniel Jara

Copidesque: Equipe Ciência Moderna

FICHA CATALOGRÁFICA

PINTO JUNIOR, Joelias Silva.

Comunicação Dispositivo-a-Dispositivo - O Consumo Energético da Comunicação D2D em Redes 5G

Rio de Janeiro: Editora Ciência Moderna Ltda., 2022.

1. Redes de Computadores 2. Internet
I — Título

ISBN: 978-65-5842-125-2 CDD 004.62

Editora Ciência Moderna Ltda.
R. Alice Figueiredo, 46 – Riachuelo
Rio de Janeiro, RJ – Brasil CEP: 20.950-150
Tel: (21) 2201-6662/ Fax: (21) 2201-6896
E-MAIL: LCM@LCM.COM.BR
WWW.LCM.COM.BR **01/22**

Aos meus familiares e amigos pelo amor incondicional.
A todos os professores que me ensinaram e me inspiraram.
Ao IFMT, por meu trabalho e à UFF por minha formação, instituições em nome das quais luto para que a educação pública de qualidade nunca deixe de ser prioridade.

"O rápido crescimento de redes sem fio pode, em breve, conduzir a uma verdadeira computação distribuída e pervasiva... O desafio para os engenheiros de software será o de desenvolver sistemas e software aplicativo que permitam que dispositivos móveis, computadores pessoais e sistemas corporativos se comuniquem através de extensas redes."

***Roger S. Pressman**[1]*

Apresentação

Os últimos anos têm apresentado um acelerado ritmo de crescimento em número de dispositivos, tráfego de dados e quantidade de informações produzidas na Internet. De 2007 a 2017, por exemplo, o tráfego global da Internet cresceu de 2 TB para 46,6 TB por segundo. A categoria de dispositivos que mais cresceu neste período foi a de telefones móveis e a previsão é que até 2022 mais de 50% do tráfego da Internet seja proveniente destes dispositivos.

Ao mesmo tempo, quanto ao tipo de comunicação Dispositivo-a-Dispositivo (D2D) se espera um crescimento de 8,5 bilhões de conexões entre 2017 a 2022. Com estas características de crescimento as redes 4G margeiam os limites de suas capacidades de quantidade de dispositivos conectados e tráfego de dados.

Além disso, a 4G oferece outras limitações que impossibilitam a implantação de novos serviços. Por exemplo, estima-se que um veículo autônomo precise enviar dados a uma taxa de 1 GB/s, com latência próxima de zero. A 4G torna inviável este tipo de aplicação pois, tecnicamente, pode atingir velocidade de apenas 100 Mbps, com alta latência e com necessidade de melhorar a eficiência energética, crítica para os dispositivos móveis.

A nova geração de telefonia móvel, a 5G, tem sido pensada para atingir altas velocidades de conexão, com baixa latência e para permitir a interconexão de milhões de dispositivos. Para tanto, várias tecnologias serão necessárias, dentre elas, a D2D, pela qual dispositivos podem se comunicar diretamente entre si, atingindo maiores taxas de vazão, menor latência e reduzir o tráfego da estação base.

Diversos são os benefícios que podem ser elencados sobre a D2D. No entanto, o que ainda pouco se discute sobre este tipo de comunicação são os impactos no consumo energético dos nós encaminhadores. Em função das baterias dos dispositivos móveis, que são limitadas, é essencial o desenvolvimento de estudos que possibilitem analisar formas de economizar energia.

Neste livro você encontrará simulações de comunicação D2D em redes móveis, com o simulador SimuLTE, para identificar comportamentos de consumo de energia do encaminhamento na comunicação D2D. Foram definidos 8 experimentos com 1 célula de comunicação D2D gerenciada pela operadora, com diferentes tipos de protocolos, aplicações e mobilidade entre eles. Para cada experimento, foi feita 6 variações no cenário, referentes à quantidade de nós encaminhadores, variando na forma de 0, 10, 25, 50, 75 e 100% de encaminhadores.

Dos resultados obtidos, foram analisadas a quantidade de mensagens enviadas e recebidas por nó e por cada configuração de rede, que possibilitaram compreender o consumo energético neste tipo de rede, com e sem encaminhamento. Em alguns cenários verificou-se que a inserção dos encaminhadores aumenta o consumo energético da rede e, em outros, reduz. Estes resultados, em que se consome menos energia, rompem com o empirismo de que o encaminhamento consumirá sempre mais energia, e se postula como método de redução de consumo energético para novas pesquisas em redes móveis. Já os resultados que demonstram maior consumo energético são úteis para analisar o perfil de consumo da rede conforme a quantidade de encaminhadores inseridos na mesma.

Sumário

Lista de Abreviaturas e Siglas

2G : *2nd Generation* - 2ª Geração de Internet Móvel
3G : *3rd Generation* - 3ª Geração de Internet Móvel
3GPP : *3rd Generation Partnership Project*
4G : *4th Generation* - 4ª Geração de Internet Móvel
5G : *5th Generation* - 5ª Geração de Internet Móvel
BS : *Base Station* - Estação Base
CDN : *Content Distribution Network*
CQI : *Channel Quality Indicator*
CRN : *Cognitive Radio Network*
C-RAN : *Cloud-based Radio Access Networks*
D2D : *Device-to-Device*
DL : *Downlink*
eNodeB ou eNB : *Evolved Node B*
FDD : *Frequency Division Duplex*
IEEE : *Institute of Electrical and Electronics Engineers*
IoT : *Internet of Things* - Internet das Coisas
IP : *Internet Protocol*
IPv4 : *Internet Protocol version 4*
LAN : *Local Area Network*
LTE : *Long Term Evolution*
LTE-A : *Long Term Evolution-Advanced*
MAC : *Medium Access Control*
M2M : *Machine-to-Machine*
MCC : *Mobile Cloud Computing* (Computação Móvel em Nuvem)
MEC : *Mobile Edge Computing* (Computação Móvel de Borda)

MIMO : *Multiple Input, Multiple Output*
mMIMO : *Massive MIMO*
mmWave : *Milimeter Wave*
NAS : *Non-Access Stratum*
NED : *Network Description*
NFV : *Network Function Virtualization*
NIC : *Network Interface Card*
OFDMA : *Orthogonal Frequency-Division Multiple Access*
PDCP : *Packet Data Convergence Protocol*
PGW : *Packet Data Network Gateway*
QoS : *Quality of Service*
RB : *Resource Block*
Rx : *Receiver*
RLC : *Radio Link Control*
RRC : *Radio Resource Control*
SDN : *Software Defined Network*
SL : *Sidelink*
SINR : *Signal-to-Interference-plus-Noise Ratio*
TDD : *Time Division Duplex*
Tx : *Transmitter*
UE : *User Equipment*
UL : *Uplink*
V2X : *Vehicles-to-things*
VNI : *Visual Networking Index*
VoIP : *Voice over IP*

Capítulo 1

Introdução

Estima-se que a demanda dos usuários por tráfego exceda a capacidade das redes 4G em um futuro próximo [2]. As redes 4G foram propostas com o objetivo de aumentar as taxas de transmissão em relação a 3G, prover interoperabilidade entre os diferentes sistemas de redes e permitir que um conjunto específico de serviços possa ser utilizado independentemente do sistema e contexto que o usuário esteja. Para atender a essas demandas, novas tecnologias foram introduzidas nas redes 4G, principalmente para aumentar as taxas de transmissão e solucionar o problema da comunicação entre diferentes tipos de sistemas e tecnologias.

Entretanto, ainda há um aumento dramático no número de usuários com interesse em utilizar redes móveis. A capacidade de processamento de *smarphones* e *notebooks* está cada vez maior e tais dispositivos cada vez mais populares, assim como os requisitos das aplicações de interesse dos usuários desses dispositivos. Assim, o crescimento de dispositivos que se conectam a redes móveis se tornará superior à capacidade da tecnologia atual, a 4G, de suportá-los.

1.1 O Aumento na Demanda por Tráfego nas Redes

A Cisco, baseada em seu projeto *Cisco Visual Networking Index* (VNI) [3] estima que o tráfego IP global irá triplicar de 122 EB (Exabytes)/mês em 2017 para 396 EB/mês em 2022. Este crescimento já representa um aumento em relação às expectativas de crescimento estimadas pelo projeto nos últimos anos. O aumento tanto do fluxo de dados como um todo, quanto das expectativas de crescimento é atribuído a expansão do tráfego móvel [3]. Em 2017 diversos países, como Japão, Coreia do Sul, Canadá, Alemanha e Suécia tiveram uma taxa de crescimento maior em suas redes de telefonia móvel do que nas redes fixas.

Na Figura 1.1 podemos verificar o crescimento de tráfego IP mensal previsto pela Cisco até 2022. Já na Figura 1.2 podemos ver a relação de crescimento de Internet para dispositivos móveis (*Mobile Growth*) e dispositivos fixos (*Fixed Growth)* no período de 2017.

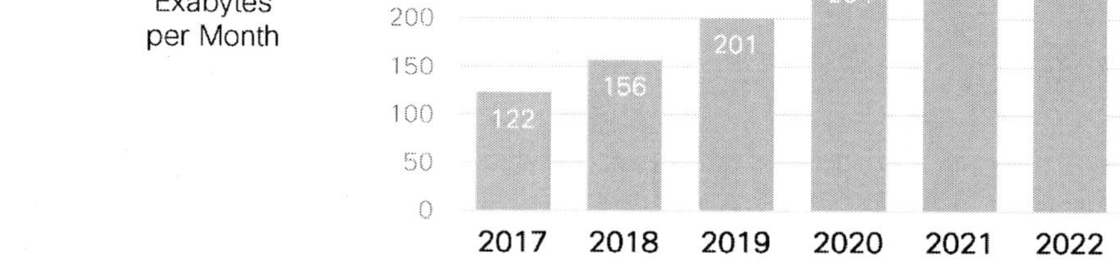

Figura 1.1: Previsão de tráfego até 2022. Fonte: Cisco VNI Forecast 2017–2022 [3].

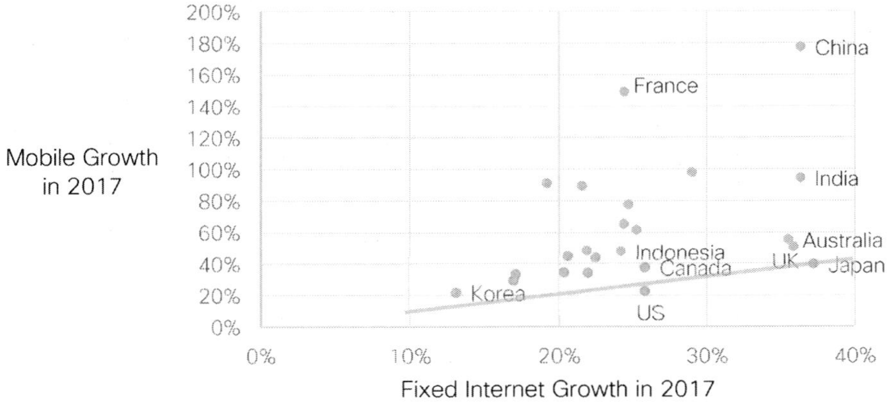

Figura 1.2: Taxas de crescimento de tráfego de Internet móvel e fixa em 2017. Fonte: Cisco VNI Forecast 2017–2022 [3].

Historicamente, este crescimento não é novidade. Nas últimas duas décadas o crescimento de tráfego global da Internet foi marcante, partindo de 100 GB por dia em 1992 com previsão de atingir 150.7 TB por segundo em 2022, como é possível verificar na Tabela 1.1.

Tabela 1.1: Crescimento histórico do tráfego global da Internet em duas décadas. Adaptado de [3].

Ano	**Tráfego Global da Internet**
1992	100 GB por dia
1997	100 GB por hora
2002	100 GB por segundo
2007	2.000 GB por segundo
2017	46.600 GB por segundo
2022	150.700 GB por segundo

Nesta curva de crescimento se destaca a análise do tipo de dispositivos e também a de tipo de comunicação. No primeiro caso, quando se analisa o tráfego IP global por dispositivos, a categoria de dispositivos que mais cresceu foi a de telefones móveis (*smartphones*). Como podemos ver na Figura 1.3, a previsão é que, seguindo esta tendência, em 2022 mais de

50% do tráfego será proveniente somente de *smartphones* e *tablets*.

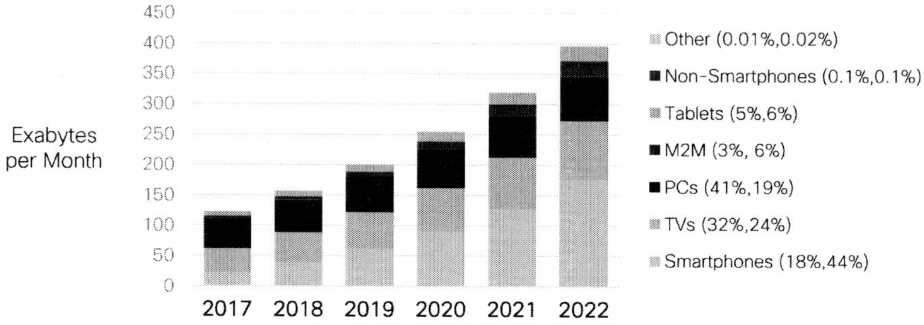

Figura 1.3: Previsão de taxa de crescimento de tráfego por tipos de dispositivos entre 2017 a 2022. Fonte: Cisco VNI Forecast 2017–2022 [3].

Em segundo caso, ao analisar o tipo de comunicação, o destaque fica para o M2M (*Machine-to-Machine*, no português, Máquina-a-Máquina). Este tipo de comunicação se assemelha à comunicação dispositivo-a-dispositivo (D2D - *Device-to-Device*), por permitir que máquinas se comuniquem diretamente entre si, e é utilizado pelas indústrias para acelerar o crescimento global da Internet das Coisas (IoT - *Internet of Things*). Na Figura 1.4 visualizamos uma expectativa de crescimento de 6,1 bilhões de conexões em 2017 para 14,6 bilhões em 2022. Um número correspondente a 1,8 conexões M2M para cada habitante é esperado para o mundo em 2022.

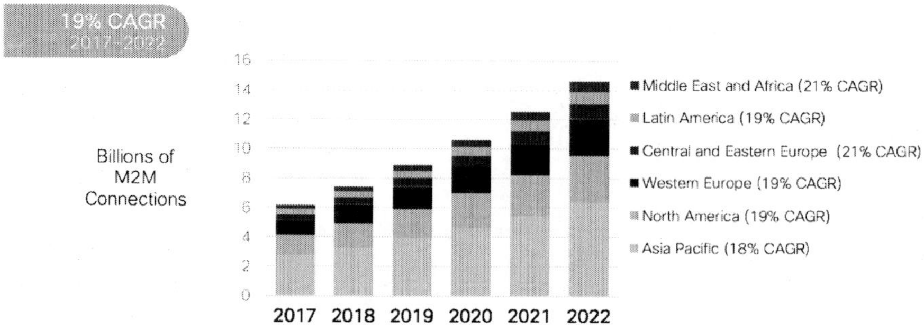

Figura 1.4: Previsão de taxa de crescimento de conexões M2M entre 2017 a 2022. Fonte: Cisco VNI Forecast 2017–2022 [3].

1.2 A Solução 5G

Para conseguir lidar com esse crescimento massivo em quantidade de dispositivos, em tráfego de dados e em quantidade de informações produzidas, necessitamos de novas soluções tanto para redes móveis quanto para redes fixas. Nas redes móveis, percebe-se que a tecnologia 4G já não é suficiente para atender aos requisitos dos usuários móveis. Estima-se, por exemplo, que um veículo autônomo precise enviar dados a uma taxa de 1 GB/s com latência mínima, próxima de zero; enquanto que em um contexto de *eHealth* [4], um hospital inteligente e uma fábrica conectada geram, respectivamente, 4 TB/dia e 1 PB/dia [5]. A 4G tecnicamente pode atingir velocidades de até 100Mbps, no entanto, na realidade as conexões 4G têm velocidades inferiores a esta, com alta latência e não consideram a eficiência energética. Mesmo se este padrão atingisse sua capacidade técnica de 100Mbps, ainda seria pouco, considerando-se os tipos de transmissão visados atualmente, como os exemplos citados previamente. Ainda, outra limitação está na infraestrutura das redes 4G. Como ela é projetada hoje, para melhorar a conectividade em áreas urbanas as operadoras precisam instalar novos equipamentos (antenas). Além do custo adicional de implantação, com a adição de novas torres, novos enlaces e novos pontos de encaminhamento, isto pode gerar uma latência ainda maior. Isto gera a necessidade por uma quinta geração (5G) que traga as soluções necessárias.

Pelo menos desde 2016, a 3GPP (*3rd Generation Partnership Project*) tem concentrado esforços para guiar o mercado em busca de tais soluções para a próxima geração de telefonia móvel, a 5G [6]. Ainda não há um consenso sobre a arquitetura das redes 5G. Porém, para que a 5G resolva necessidades eminentes, como ser uma solução de comunicação viável para Internet das Coisas e Redes Veiculares [7] [8], além de atender ao crescimento de número de usuários e da banda demandada por esses usuários, é desejável que a taxa de transmissão seja até 1000 vezes maior que na 4G [9] e que a latência seja da ordem de poucos milissegundos, comumente chamada de latência zero [10]. Com uma rede com essas características, é possível desenvolver aplicações, como a comunicação entre veículos e a Internet das Coisas, para interconectar bilhões de dispositivos [7] [8]. O aumento da taxa de transmissão e redução da latência se darão em virtude do uso de diferentes tecnologias, que vão desde a camada física até a camada de rede. Entre essas tecnologias, estão o desenvolvimento de novos padrões LTE (*Long Term Evolution*) e IEEE 802.11, o uso de pequenas células (*small cells*), transmissão em ondas milimétricas (mmWave), MIMO massivo, compartilhamento de espectro licenciado e não licenciado, entre outras [11] [9] [10] [12]. A 5G vem sendo colocada em pauta nas discussões e planejamentos da 3GPP desde o *Realease* 12 [6], e o *Realease* 16 [13], o qual sua agenda finaliza em 2020, será o final, para lançamento desta tecnologia com todas suas especificações.

1.2.1 Comunicação Dispositivo-a-Dispositivo - D2D

Outra tecnologia presente na maioria das propostas de rede para a 5G é a comunicação Dispositivo-a-Dispositivo (*Device-to-Device* - D2D) [14]. Com a comunicação D2D, dispositivos são capazes de se comunicar diretamente sem a necessidade do uso da estação base. Assim, podem experimentar maior vazão e menor latência em virtude da proximidade dos dispositivos, bem como, podem reduzir a carga de tráfego na estação base. Por outro lado, novos desafios são introduzidos, como o aumento da interferência [15], a segurança e privacidade da rede [16], a alocação de canais [11], o controle da comunicação D2D por parte da estação base [14], o consumo de energia [17], a tarifação [18], entre outros.

Quando se utiliza aplicações e serviços baseados em localização, explorar a comunicação entre dispositivos próximos possibilita ganhos na utilização de espectro, vazão e consumo de energia [19]. Estas formas de comunicação são classificadas em 4 diferentes, segundo Tehrani et al. [20] e se diferenciam por ter 1. dispositivos encaminhando com controle da operadora; 2. comunicação D2D direta com controle do operador; 3. dispositivos encaminhando com controle pelos dispositivos; 4. comunicação D2D direta com controle pelos dispositivos. As classificações de arquitetura para 5G serão discutidas com mais detalhes na seção 2.4.

Neste contexto de encaminhamento com controle da operadora, este trabalho tem por objetivo avaliar o impacto da comunicação D2D no consumo de energia dos nós e da rede LTE. Nos experimentos aqui realizados e descritos seus resultados no Capítulo 5 podemos perceber situações em que a comunicação D2D aumenta o consumo energético, mas também foram identificados cenários e configurações de rede que possibilitaram redução do consumo energético mesmo sob comunicação D2D. Assim, percebemos que uma boa escolha de encaminhadores na comunicação de dispositivo-a-dispositivo é uma das possibilidades de se economizar bateria dos dispositivos envolvidos no processo de comunicação e estender seu tempo de vida com a mesma carga [21].

1.3 Simulações de Consumo de Energia

Em função das baterias dos dispositivos móveis que são limitadas, é essencial o desenvolvimento de técnicas que possam gerar economia de energia. Assim, a modelagem do consumo de energia tem se tornado cada vez mais importante, com o crescimento do número de dispositivos móveis e embarcados, como dispositivos pessoais de monitoramento médico, dispositivos de monitoramento ambiental, veículos elétricos, painéis solares, sensores *wireless* de baixa capacidade de energia, etc. [22].

Simulações quanto ao consumo de energia permitirão o desenvolvimento de protocolos de roteamento sensíveis a consumo energético, que, por consequência, resultarão em dispositivos mais eficientes energeticamente.

Neste sentido, este trabalho realizou simulações de comunicação D2D no simulador de redes móveis SimuLTE [23]. Foram definidos 8 experimentos com diferentes tipos de protocolos, aplicações e mobilidade entre eles. Para cada experimento, fizemos 6 variações no cenário, referentes a quantidade de nós encaminhadores, variando na forma de 0, 10, 25, 50, 75 e 100% de encaminhadores. Para cada uma das variações, dentro de cada cenário, executamos 10 rodadas. Consideramos uma rede com 1 célula, com a comunicação D2D gerenciada pela operadora (estação base) e os dispositivos foram distribuídos nesta de forma estacionária e aleatória. Dos resultados obtidos nas simulações analisamos a quantidade de mensagens enviadas e recebidas por nó e por cada configuração de rede. Estes resultados possibilitam compreender o consumo energético neste tipo de rede, com e sem encaminhamento. Identificamos alguns cenários em que a inserção dos encaminhadores aumenta o consumo energético da rede e, outros, em que inclusive se consegue reduzir o consumo energético, dependendo da combinação de quantidade de encaminhadores e protocolos utilizados. Estes resultados em que se consome menos energia, em especial, rompem com o empirismo que leva a pensar que o encaminhamento consumirá sempre mais energia e se postula como método de redução de consumo energético para novas pesquisas em redes móveis. Os resultados que demonstram maior consumo energético já são úteis para analisar, principalmente, o perfil de consumo energético da rede conforme a quantidade de encaminhadores inseridos na mesma.

Além desta introdução, o restante deste texto está estruturado da seguinte forma. O Capítulo 2 traz uma contextualização histórica sobre Redes Móveis, citando os *releases* da 3GPP referentes ao LTE e a 5G, seguido das propostas de arquitetura e tecnologias para compor a 5G. Desta forma, no Capítulo 3 será possível compreender o estado-da-arte quanto às redes móveis com encaminhamento. Nele é explicado sobre a comunicação dispositivo-a-dispositivo e suas classificações, a importância da escolha do encaminhador ideal, como esta comunicação pode ser eficaz no descarregamento da rede e as considerações de energia referentes à mesma. Ainda, é tratado sobre os simuladores de rede LTE e suas limitações para este trabalho. No Capítulo 4 é discutido o desenvolvimento da pesquisa, apontando as dificuldades encontradas quanto aos simuladores e modelagem de energia, bem como a descrição da metodologia e ferramentas adotadas. As simulações e seus respectivos resultados obtidos são apresentados no Capítulo 5, demonstrando a análise de consumo energético dos experimentos, bem como algumas comparações dos resultados entre eles. Por fim, no Capítulo 6 encontram-se as conclusões, os apontamentos de pontos de pesquisa em aberto e expectativas de trabalhos futuros.

Capítulo 2

Redes Móveis

3GPP é a sigla para *3rd Generation Partnership Project*, que em português poderia ser entendido como Projeto de Padronização da 3ª Geração. É uma associação que foi criada com intuito de padronizar a 3ª geração de telefonia móvel, mas que se manteve como entidade que guia e padroniza as evoluções das redes móveis no cenário global. A 3GPP une sete organizações de desenvolvimento de padrões de telecomunicações: ARIB, ATIS, CCSA, ETSI, TSDSI, TTA e TTC; e provê aos seus membros um ambiente para produção de *Reports* e Especificações que definem as tecnologias 3GPP [24].

Desta forma, é a 3GPP que está à frente da padronização. Seus padrões são lançados em "pacotes", chamados de *releases*. Devido a abrangência e complexidade propostas à 5G, sua implementação foi pensada em médio prazo e iniciou sua preparação já no *Release* 12 [6], ainda em 2015. Este capítulo apresenta a 4G, as padronizações lançadas pela 3GPP para promover a evolução da 4G para a 5G e, também, as definições que já existem e expectativas sobre a 5G.

2.1 A Quarta Geração

O padrão LTE (*Long Term Evolution*) foi a arquitetura proposta para a quarta geração de telefonia celular. Como motivações básicas para este padrão, a 3GGP cita [25]:

- a necessidade de garantir a competitividade e continuidade dos sistemas de redes móveis para o futuro;

- as demandas por parte dos usuários por taxas de transmissão de dados mais altas e QoS (*Quality of Service* - Qualidade de Serviço);
- um sistema otimizado para a comutação de pacotes;
- a demanda contínua por redução de custos;
- a baixa complexidade;
- a busca para se evitar a fragmentação desnecessária de tecnologias.

Com a evolução do LTE após seu lançamento, vários *releases* de melhoria foram lançados e serão tratados na próxima seção. Se começou a pensar o LTE como uma evolução contínua que pudesse durar por um prazo maior que o intervalo entre as gerações anteriores e aguardar até a chegada de sua sucessora, a 5G, em 2020. Neste caminho para a sucessão, o papel da 4G era convergir para dar base e compatibilidade a tecnologias da quinta geração.

O LTE foi lançado então, como uma rede mais simplificada, baseada em Estações Base, aqui chamadas de *evolved NodeB (eNB*[1]*)*. Não há controladores centralizados e as eNBs podem ser interconectadas entre si e com o núcleo da rede [25]. As estações base se conectam por redes cabeadas e toda a rede é baseada em IP. A rede também é composta por UEs (*User Equipments* - Equipamentos de Usuários), que são todos os tipos de dispositivos móveis que os usuários eventualmente utilizam para se conectar à rede, como notebook, *smartphones*, *tablets*, etc. Estes dispositivos, por sua vez, se conectam apenas às estações, por meio de uma interface de rede móvel [15]. A Figura 2.1 demonstra como se dão estas conexões.

No LTE os pacotes de dados e de controle são transmitidos em canais diferentes. A diferenciação desta informação não está nos cabeçalhos, como em outros padrões. A arquitetura do protocolo do rádio LTE é separada em *control plane* e *user plane*, como se pode ver na Figura 2.2. No *user plane* a aplicação cria pacotes de dados que são processados por protocolos como TCP, UDP e IP. Já no *control plane*, o protocolo NAS (*Non-Access Stratum*) promove autenticação e registro dos dispositivos, enquanto o protocolo do controlador de recursos de rádio (*Radio Resource*

[1]eNodeB, eNB ou Evolved Node B é um elemento do padrão LTE que corresponde ao elemento Node B do padrão UMTS ou à BS (Base Station) do GSM.

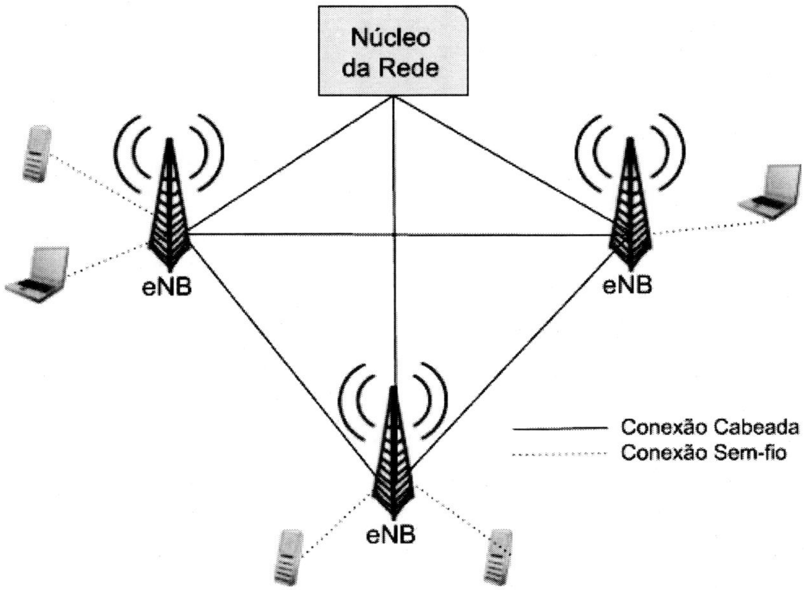

Figura 2.1: Esquema de conexão entre redes 4G.

Control - *RRC*) cria as mensagens de sinalização que são trocadas entre a estação base e o dispositivo móvel. Em ambas as situações a informação é processada pelo protocolo de convergência de pacotes de dados (*Packet Data Convergence Protocol* - PDCP), o protocolo de controle do canal de rádio (*Radio Link Control* - RLC) e o protocolo de controle de acesso ao meio (*Medium Access Control* - MAC), antes de ser entregue à camada física para transmissão [26]. Na Figura 2.3 podemos ver uma demonstração das arquiteturas do *user* e *control plane.*

As redes LTE foram pensadas para conseguir comutar pacotes mesmo com a movimentação dos usuários, sem prejuízo a seus critérios de funcionamento. O LTE opera com as tecnologias FDD (*Frequency Division Duplex*), que transmite os pacotes de *Downlink* (DL) e *Uplink* (UL) ao mesmo tempo, em frequências diferentes, e TDD (*Time Division Duplex*), que transmite pacotes UL e DL na mesma frequência, dividindo o tempo. A Figura 2.4 ilustra este procedimento. Estas tecnologias foram lançadas

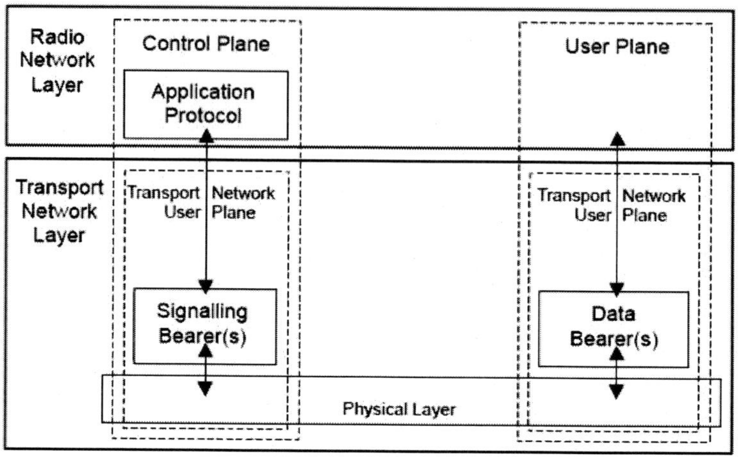

Figura 2.2: Arquitetura do protocolo de rádio LTE. Adaptado de [26].

no Release 12 do 3GPP, que será explicado posteriormente. [27].

A frequência utilizada pelo LTE tem seu espectro dividido em vários canais e estes canais são utilizados para, separadamente, transmitirem mensagens de dados ou mensagens de controle de rede. São transmitidos quadros (*frames*) de 10 ms, onde para cada um destes quadros há a divisão em outros 10 subquadros, cada de 1 ms. Estes subquadros são mais uma vez divididos em frações menores, chamadas de *slots*, que duram 0.5 ms.

São utilizadas técnicas de acesso ao meio diferentes, sendo que para *downlink* é utilizado o esquema de modulação digital OFDMA (*Orthogonal Frequency-Division Multiple Access*) e para *uplink* a SC-FDMA (*Single-Carrier Frequency-Division Multiple Access*). Todas as alocações de recursos são controladas pela eNB. Ela identifica todos os dispositivos que fazem parte de sua célula (aqueles que estão conectados à ela) e controla seus recursos para que possam enviar e receber dados.

O OFDMA foi uma das novas tecnologias introduzidas nos sistemas 4G para aumentar as taxas de transmissão. Outra é o uso de múltiplas antenas tanto pelo transmissor como pelo receptor para explorar o fenômeno de múltiplos caminhos na propagação do sinal (*Multiple-Input and Multiple-Output,* - MIMO). Para a solução da interoperabilidade, é proposto o uso da comutação de pacotes através do IP, o qual atua como

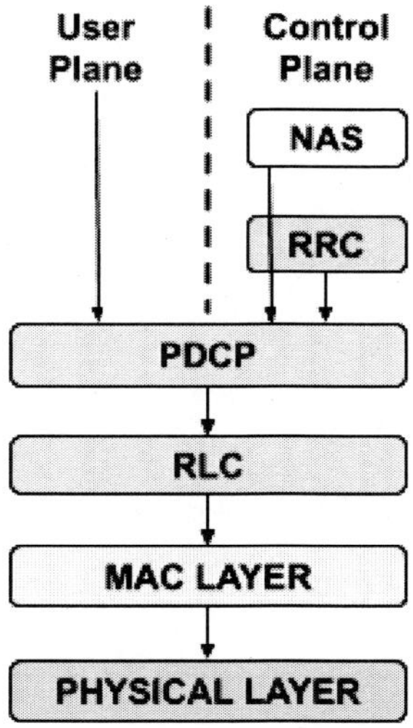

Figura 2.3: Arquitetura do *User Plane* e do *Data Plane*.

uma tecnologia comum entre os ecossistemas no acesso de serviços como vídeo por IP, voz sobre IP (VoIP) e dados multimídia [9].

2.2 *Releases* transitórios da 3GPP

De início, se pensou em uma solução transitiva, que pudesse vigorar até o lançamento da 5G e atendesse as demandas do mundo móvel neste ínterim. Esta foi o LTE (*Long Term Evolution*), que teve suas especificações iniciais no *Release 8* e no *Release* 12 [6], em 2015, começou-se a implantar melhorias com prioridade em preparar o padrão LTE compatível com potenciais tecnologias para a 5G.

Funcionalidades importantes que foram finalizadas e inclusas neste *release* foram: *small cells* e densificação de redes, D2D e operação conjunta TDD-FDD em LTE.

O *Release 13* [28] traz cerca de 170 funcionalidades e estudos, dentre elas, algumas essenciais para a evolução do LTE. Neste lançamento já constam também estudos, que se estenderam à 5G, de mecanismos de co-existência de operação do LTE em espectro não licenciado.

Na conferência de Phoenix (US), em 2015, que é parte deste *release*,

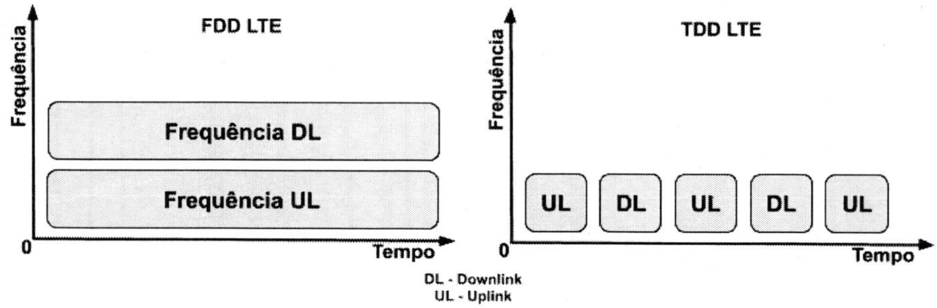

Figura 2.4: Demonstração das técnicas FDD e TDD.

iniciou-se o trabalho na próxima geração de tecnologia celular, com o propósito de submeter tecnologias candidatas para o projeto oficial de lançamento da 5G, o IMT-2020, a realizar-se em 2020.

Tecnologias com potencial de integrar a 5G foram integradas ao *Release* 14 [29] para suporte ao LTE, o que facilitaria o serviço futuro na 5G. Uma destas tecnologias que merece destaque é o suporte a serviços de comunicação veículos-para-coisas (V2X - *vehicles-to-things*).

Outro ponto de desenvolvimento interessante deste *release* é o cronograma previsto para a padronização da 5G, com um resumo dos principais pontos de controle, expectativas de procedimentos para os grupos de trabalho da 3GPP e resumo das atividades a serem desenvolvidas. A Figura 2.5 mostra este cronograma.

O *Release* 15 [31] focou seus trabalhos na primeira fase de entregas da 5G. As principais entregas aqui foram as especificações de interoperabilidade e compatibilidade.

Outros dois pontos importantes foram o ajuste do cronograma para a segunda etapa de especificações da 5G; e as instruções da 3GPP 5G para os grupos de avaliação.

A agenda do *Release* 15 finaliza em 2019.

O *Release* 16 [13] será a última para a 5G e sua agenda finaliza em 2020. Nela está composto o lançamento da Fase 2 da 5G, em dezembro de 2019.

Este lançamento será o marco inicial dos sistemas 5G completos. Neste *release* foram inclusos também estudos necessários aos requisitos de interoperabilidade, interconectividade e inteligência, da 5G, sendo

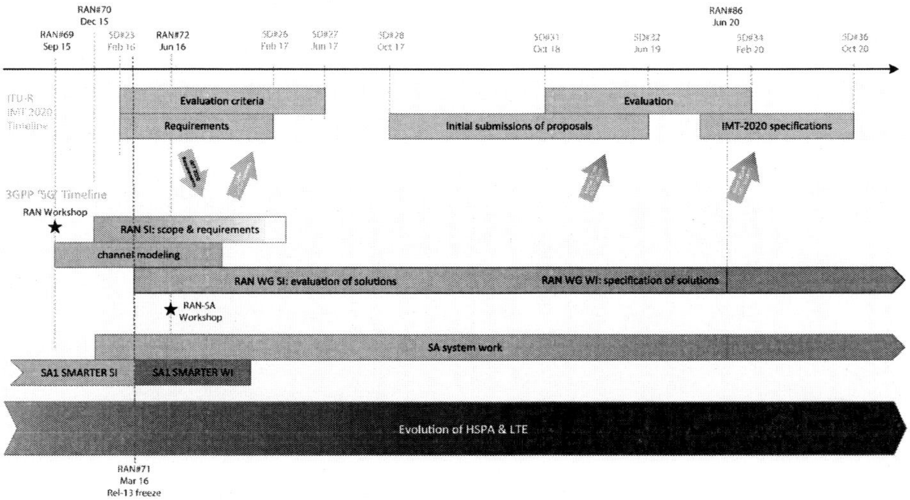

Figura 2.5: Cronograma previsto para padronização da 5G. Fonte: *Tentative 3GPP timeline for 5G* [30].

eles de: segurança, *codes* e serviços de *streaming*, interoperabilidade de Redes de Área Local (LAN - *Local Area Network*), fatiamento de rede e Internet das Coisas (IoT).

Apesar de alguns sites de notícias utilizarem informações que dão a entender que a 5G já foi oficialmente lançada e está em plena operação, como nesta matéria do Olhar Digital [32], a realidade é outra. Algumas especificações do 5G já foram lançadas nos *releases* anteriores e são estas especificações que já estão em testes. A primeira fase da 5G foi finalizada, no entanto, o *Release* 16, o último para o lançamento oficial da 5G que ocorreu oficialmente no final de 2020, em termos de especificações, mas ainda não é comercial no Brasil. No Brasil, é realizado o leilão das bandas de frequências de 5G no segundo semestre de 2021. Somente após, é que as operadoras vencedoras poderão iniciar a homologar e operar o 5G, de fato, provavelmente entre 2022 a 2023.

2.3 5G

Hoje há um aumento dramático no número de usuários com interesse em utilizar os sistemas de banda larga móveis. A capacidade de processa-

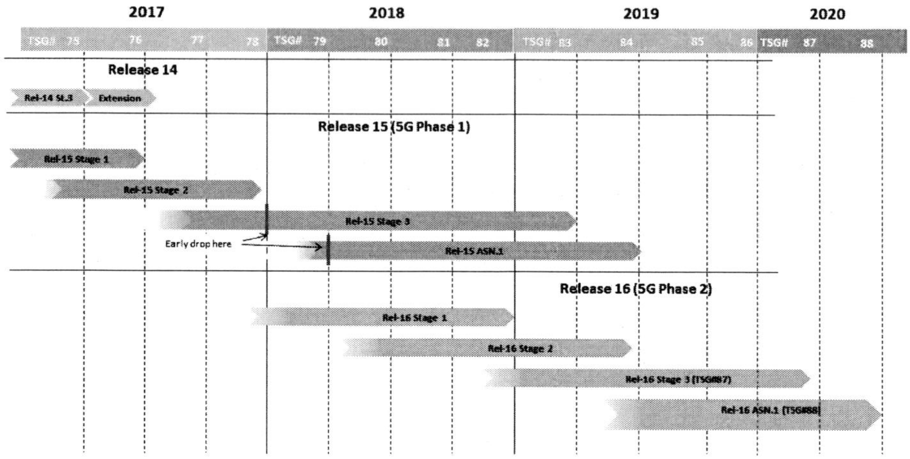

Figura 2.6: Fases da 5G. Fonte: 3GPP [24].

mento de *smartphones* e *notebooks* está cada vez maior e tais dispositivos cada vez mais populares, assim como os requisitos dos serviços multimídia utilizados. Desta forma, o LTE já não é suficiente para atender aos requisitos dos usuários móveis, o que gera a necessidade por uma quinta geração.

As mudanças para a 5G são muitas em relação à 4G e a quantidade, abrangência e impacto das mudanças são superiores às mudanças ocorridas nas gerações anteriores.

Para que a 5G resolva necessidades eminentes, como ser uma solução de comunicação viável para Internet das Coisas e Redes Veiculares [7] [8], além de atender ao crescimento de número de usuários e da banda demandada por esses usuários, é preciso, mesmo com a expansão da rede, conseguir aumentar a taxa de transmissão da mesma e otimizar o consumo de energia.

Exemplos de tecnologias que se tornam viáveis e serão possibilitadas pela 5G são os Veículos Conectados [33], a *e-Health* [4] e as casas inteligentes. Ambas situadas na ambiência da Internet das Coisas [34] e *smart grids*. A segurança e a privacidade da rede e dos dispositivos também são preocupações que merecem cuidado, principalmente nos cenários em que passa a existir comunicação direta (D2D) ou encaminhada entre dispositivos e máquinas.

2.4 Tecnologias para Redes Celulares 5G

Diversas revisões de literatura apontam que variadas tecnologias poderão compor as Redes Celulares 5G. Quanto ao esquema de comunicação nestas redes quatro tipos diferentes são os que mais se destacam, como nos surveys [12] [10] [9]: em duas camadas, baseada em comunicação D2D, baseada em rádios cognitivos e baseadas em nuvem.

2.4.1 Células em Duas Camadas (*Two-Tier*)

As células de redes móveis organizadas para se comunicar em duas camadas possuem a *Macrocell Tier* e a *Device Tier* [20]. A Figura 2.8 representa este esquema. A *Macrocell Tier* engloba desde cada dispositivo móvel isolado até aqueles que se comunicam com as estações base (BS - *Base Station*), e as próprias estações base. Na *Device Tier* estão todos os dispositivos, de forma que grupos de dispositivos classificados por listas, grupos de usuários, região geográfica, entre outros, formam células de comunicação dentro dessa camada. Para cada uma das células da *Device Tier* pode haver comunicação direta com a estação base, comunicação de múltiplos saltos ou apenas comunicação entre os dispositivos. Os últimos dois tipos de comunicação serão discutidos na seção seguinte, na qual é tratada a comunicação D2D.

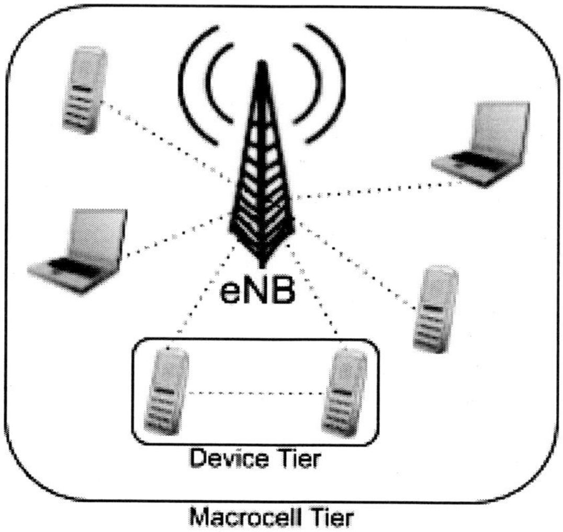

Figura 2.7: Esquema de comunicação em duas camadas.

As vantagens desse modelo em duas camadas são inúmeras e incluem facilidade para distribuição espacial de carga de rede, identificação de usuários *indoor* e *outdoor*, facilidade para o processo de *handoff*, entre outros [35].

2.4.2 Comunicação Dispositivo-a-Dispositivo (D2D)

Alguns trabalhos definem a comunicação baseada em D2D e muitos outros citam tal tecnologia como parte de outras propostas para as redes 5G. Tehrani et al. [20] classificam as formas de comunicação D2D em quatro e propõem uma organização em duas camadas (citadas na seção anterior): uma para dispositivos e outra que compreende dispositivos e a estação base, sendo que ambas devem funcionar sobre a mesma banda, a faixa licenciada definida pela *macrocell*. São elas:

1. **DR-OC** (*Device Relaying with Operator Control*): dispositivo na camada *device tier* pode fazer comunicação diretamente com BS (*macrocell tier*) ou através de encaminhamento por outro dispositivo. O canal de controle é estabelecido pelo operador.

2. **DC-OC** (*Direct D2D communication with Operator Control*): comunicação acontece direta e exclusivamente entre dispositivos (*device tier*) e somente o canal de controle é estabelecido pelo operador (*macrocell tier*).

3. **DR-DC** (*Device Relaying with Device Control*): aqui a comunicação acontece apenas na *device tier*, pois os dispositivos encaminham dados através de múltiplos saltos da origem até o destino e também estabelecem o canal de controle.

4. **DC-DC** (*Direct D2D communication with Device Control*): comunicação acontece de forma direta entre os dispositivos de origem e destino, assim atendendo-se também somente a *device tier* e com canal de controle estabelecido pelos dispositivos.

2.4.3 Comunicação Baseada em Redes de Rádios Cognitivos

As discussões sobre *Cognitive Radio Network* (CRN) em 5G tratam da utilização oportunista do espectro em uma rede de rádios cognitivos [36]. Há nós nessas redes, chamados *secondary users* (SUs), que proativamente monitoram o ambiente espectral em uma faixa fora da banda licenciada da rede celular e dinamicamente estabelecem enlaces sem fio ao perceber espaços não utilizados na faixa monitorada. As propostas baseadas em redes de rádios cognitivos podem ser categorizadas em dois tipos: não-cooperativo, onde a rede cognitiva cria uma rede sobreposta à rede celular licenciada e a estação base pode possuir ambas interfaces e atuar em ambas as redes; e cooperativo, no qual é possível estabelecer enlaces sem fio heterogêneos e combinar comunicações de pequena e longa distâncias até que o dado seja entregue ao seu destino final [37]. Os rádios cognitivos oferecem uma solução parcial para a escassez do espectro licenciado das redes celulares. Esta tecnologia possibilita reduzir o uso do espectro licenciado para comunicações de pequena e média distâncias e fornecer um espectro complementar a ser utilizado oportunisticamente em momentos de pico nas redes 5G.

No modo não cooperativo há duas interfaces de rádio operando, uma na banda licenciada e outra na banda complementar à licenciada. Dessa forma, a rede cognitiva cria uma rede sobreposta à rede celular licenciada. Neste caso, a estação base pode possuir ambas interfaces e atuar em ambas as redes. A rede cognitiva, em virtude de restrições na potência de transmissão de seus dispositivos, se torna mais adequada para comunicações de pequenas e médias distâncias. Enquanto isso, a rede celular licenciada realiza as comunicações de longa distância.

No modo cooperativo tanto o espectro licenciado da rede celular como o espectro complementar são integrados em uma única camada física ao utilizar princípios de comunicação cooperativa. Ao separar a comunicação ponto-a-ponto em etapas é possível estabelecer enlaces sem fio heterogêneos e combinar comunicações de pequena e longa distâncias até que o dado seja entregue ao seu destino final. Ao alocar os canais de forma inteligente esta proposta aproveita as características do espectro licenciado e do espectro complementar para tornar as comunicações de longas distâncias mais eficientes.

2.4.4 Estação Base em Nuvem

Os esquemas de comunicação baseados em nuvem são chamados de *Cloud-based Architectures* ou *Cloud-based radio access networks* – C-RANs [36]. Eles derivam da computação em nuvem tradicional e estendem seus benefícios, como acesso fácil, em demanda e escalável a um ambiente compartilhado de recursos configuráveis [20]. Assim, o objetivo de uma C-RAN é executar as funções de uma BS na nuvem.

De acordo com a China Mobile [38] as C-RAN se postulam como uma evolução natural para as estações base. Uma estação base em nuvem é composta de um rádio na estação base, que encaminha o processamento para uma unidade remota. Assim, é possível que para as redes 5G se tenha os processos de roteamento e alocação de recursos e serviços gerenciados nestas C-RANs. As funcionalidades do D2D podem ser importantes aqui, para reduzir a demanda de comunicação dos dispositivos com esta nuvem e, invés disto, adquirirem informações de seus pares.

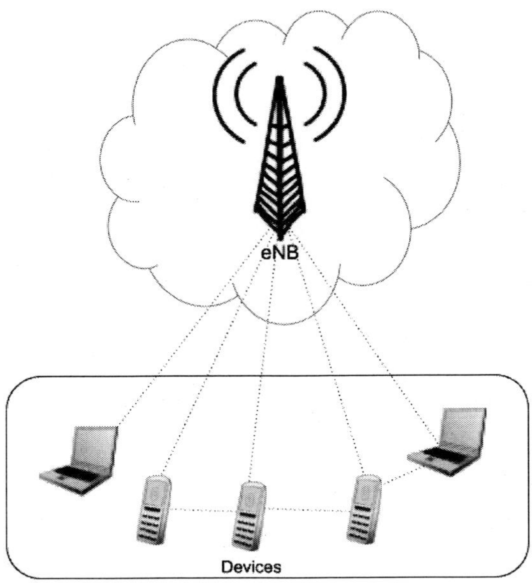

Figura 2.8: Esquema de comunicação com BS em nuvem.

2.4.5 MIMO Maciço (mMIMO)

A próxima geração de redes sem fio necessita acomodar um tráfego de dados cerca de 1000 vezes maior e 50 vezes mais dispositivos móveis comparado às redes móveis atuais [2]. Visto que o recurso espectral é escasso, particularmente em bandas adequadas para coberturas mais amplas, os principais aperfeiçoamentos na 5G precisam focar em um reuso espacial mais agressivo do espectro. Isto é, muito mais transmissões devem ocorrer simultaneamente por unidade de área. Essa característica pode ser alcançada pela tecnologia de MIMO maciço, na qual os pontos de acesso passam a ser equipados com centenas de antenas e podem atender até dezenas de usuários em cada recurso de tempo-frequência através da multiplexação espacial [20]. As diversas antenas fornecem a separação dos usuários no domínio espacial, o qual é visto como uma mudança de paradigma das tecnologias multi usuários que se apoiam na separação dos usuários nos domínios do tempo ou da frequência.

2.4.6 Transmissão em Ondas Milimétricas (mmWave)

As comunicações por ondas em frequências milimétricas definem uma nova era da comunicação sem fio. As bandas de mmWave oferecem uma quantidade muito maior de canais para comunicação comparadas às bandas existentes nos sistemas sem fio comerciais. WLANs já estão atualmente explorando a banda 60 GHz mmWave, enquanto que os sistemas celulares 5G provavelmente irão operar entre 30 e 300 GHz [10]. Em razão dos enormes vetores de antenas, diferentes modelos de canais e novas restrições de hardware, a maneira como os sinais serão processados será diferente nos sistemas de comunicação mmWave.

2.4.7 Redes Definidas por Software e Virtualização de Funções de Rede

As redes 5G possuem como objetivos de projeto a eficiência, escalabilidade e a versatilidade. Elas precisarão ser extremamente eficientes em termos de energia e gerenciamento de recursos. Conectar um número gigantesco de dispositivos móveis necessita do desenvolvimento de funções de rede escaláveis e versáteis que atendam a um amplo número de serviços, incluindo baixo consumo, altas taxas de dados multimídia e aplicações sensíveis ao atraso. Tais requisitos direcionam os objetivos das redes 5G na inovação da virtualização das funções de rede (NFV). Em termos gerais, NFV pode superar os desafios das redes 5G ao auxiliar na otimização do provisionamento de recursos, gerenciar e melhor aproveitar os recursos de *hardware* disponíveis e garantir certos parâmetros de desempenho [39]. As redes definidas por *software* (SDN) auxiliarão na virtualização e interconexão dos componentes responsáveis pela virtualização das funções de rede.

2.4.8 Armazenamento na Rede (*caching*)

O congestionamento da rede é um dos principais problemas da Internet hoje. No modelo cliente-servidor, uma página web é recuperada do mesmo servidor por cada usuário da Internet, modelo esse que em condições de tráfego intenso ao servidor causa gargalo e problemas de escalabilidade. Soluções para esses problemas, como *proxy* e redes de distribuição de conteúdos (CDNs), foram propostas ao longo dos anos. A ideia principal é replicar os conteúdos (vídeos, imagem, páginas web e etc.) em servidores geograficamente próximos aos usuários e, dessa forma, reduzir o atraso fim-a-fim e o uso desnecessário da infraestrutura de rede. Atualmente, os pesquisadores estão revisitando o mesmo desafio no contexto das redes sem fio 5G. Na verdade, trazer cópias dos conteúdos para a borda de rede, como em estações base e seus usuários, é uma maneira promissora de aliviar a infraestrutura e reduzir o atraso fim-a-fim na recuperação dos conteúdos. Embora a motivação principal de trazer cópias dos conteúdos para a borda das redes celulares seja similar a das redes cabeadas, diversos desafios técnicos permanecem não resolvidos e envolvem multidisciplinaridade, como teoria da informação, aprendizado de máquina e comunicação sem fio [40].

Capítulo 3

Estado-da-Arte

Existem muitos desafios para o desenvolvimento e adoção da 5G em virtude das características de escalabilidade e mobilidade das redes celulares e dos objetivos a serem alcançados em termos de vazão e latência [11] [9] [14] [10] [12]. Entre os desafios estão a conservação de energia, a alocação de canais, o gerenciamento de interferência, modelos econômicos e de tarifação, a segurança, entre outros. Neste trabalho escolhemos focar em avaliar o consumo de energia com a introdução da comunicação D2D.

3.1 Comunicação Dispositivo-a-Dispositivo

Alguns trabalhos definem arquiteturas baseadas na comunicação D2D e muitos outros citam tal tecnologia como parte de outras arquiteturas para as redes 5G. Esse motivo levantou o interesse por tal investigação para esta pesquisa.

Como principais benefícios, a comunicação D2D proporciona melhoria na eficiência de espectro, pois permite que mais dispositivos utilizem um mesmo espectro com qualidade. Assim, se obtém um descarregamento de carga de dados das estações base da rede celular e melhores taxas de tráfego para os dispositivos. Também, estende o alcance da área de comunicação/cobertura das redes móveis [21]. Os dispositivos que atuam no intermédio dessa comunicação entre outros dispositivos podem auxiliar no estabelecimento destas conexões e são chamados de encaminhadores.

Para explicar o funcionamento da comunicação Dispositivo-a-Dispositivo, façamos uma analogia com a tecnologia LTE-Advanced (LTE-A), especificada pelo *Release* 10 [41] da 3GPP em 2011 e presente nas redes de telefonia atuais. Nela, os UEs comunicam-se somente com a Estação Base, chamada de eNB, a que estão associados, tanto para comunicação em direção *downlink* (DL) quanto *uplink* (UL) [42]. D2D é um novo paradigma de comunicação que possibilita que dois ou mais terminais de uma rede celular se comuniquem diretamente, sem encaminhamento pela eNB. Esse caminho de troca de dados direta é chamado de *sidelink* (SL) e tem como vantagem não precisar fazer dois saltos, passando pelo eNB, para realizar sua comunicação. Sua comunicação é direta, em apenas um salto, o que reduz a latência e economiza recursos.

Devido a proximidade dos nós, tornam-se possíveis serviços de comunicação *unicast* e *multicast* em diversos cenários, como Redes Veiculares, Internet das Coisas e aplicações Máquina-a-Máquina [42]. E apesar de a comunicação poder ser feita direta, o eNB ainda pode ser responsável por estabelecer um canal que controle a alocação de recursos [20]. A Figura 3.1 exemplifica esta situação. Há uma célula de comunicação D2D, na qual os UEs se comunicam entre si. No entanto, a eNB, baseada em algum critério, como o de proximidade, escolheu o UE3 como aquele que estabeleceria um canal de controle. Ele gerenciará aquela célula e a ele ela enviará as informações de alocação de recursos.

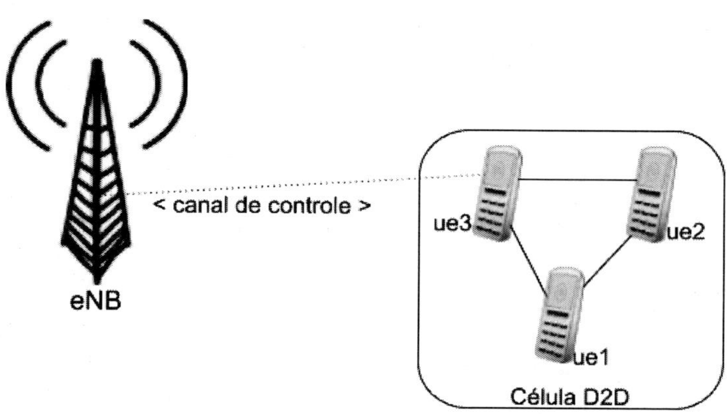

Figura 3.1: Célula D2D controlada pela eNB.

Nas classificações DR-OC e DR-DC, em que dispositivos atuam como encaminhadores, abre-se um leque de possibilidades sobre como esses dispositivos devem atuar e como escolhê-los.

Whitbeck et al. [43] discutem a elegibilidade de nós a partir da utilização de funções objetivo que escolhem quando um nó deve se tornar encaminhador. Ainda, é considerada a participação compulsória dos usuários como encaminhadores, se assim forem escolhidos. Rebecchi et al. [44] dividem os nós entre consumidores e receptores. Em seguida, usam uma função matemática para determinar qual fração dentre os nós consumidores deve ser promovida a encaminhadores, e quando isso deve acontecer. Há em comum entre ambas propostas o fato de serem soluções encontradas a partir de pequenos cenários, de uma célula só.

Contudo, os trabalhos que discutem a elegibilidade de nós encaminhadores se direcionam por analisar a qualidade do enlace do encaminhador com a eNB. Ainda não foram encontrados trabalhos que, por exemplo, estabeleçam os critérios de elegibilidade baseados na disponibilidade de recursos físicos dos nós, como memória, CPU, bateria e vazão de rede.

Um outro fator que precisa ser considerado é a capacidade de conectividade de cada nó. Devido a questões de bateria, processamento e a própria limitação de hardware das interfaces de rede, há uma quantidade limitada de dispositivos que poderão se conectar a cada encaminhador. Assim, a escolha do encaminhador poderia considerar mais de um critério. Por exemplo, em determinados contextos, poderia ser permitido que dispositivos se conectem em encaminhadores que estejam com baixa carga de bateria, desde que outros que estejam com carga mais alta não tenham mais disponibilidade para aceitar novas conexões.

3.1.1 Descarregamento de Tráfego

As demandas de *streaming* de vídeo têm crescido cada vez mais recentemente. Seja pela demanda de serviços de conteúdo em vídeo ou pelo vídeo ao vivo em chamadas e transmissões [45]. Um outro fator comum no comportamento dos usuários de Internet atual é a "viralização" de conteúdo. Isto é, quando um assunto é repentinamente descoberto e velozmente compartilhado.

Situações como estas, em que o número de usuários multiplica significativamente em um espaço de tempo muito curto, geram sobrecargas nas redes que podem ocasionar lentidão e indisponibilidade. Uma das formas de implementar o descarregamento é utilizando a D2D. Sua arquitetura já se configura de forma distribuída. Então, se em pontos estratégicos de uma rede D2D se criarem *caches* destes conteúdos, o tráfego será distribuído para as bordas das redes e os momentos de sobrecarga são rapidamente amenizados.

Karunakaran et al.[46] produziram um trabalho que traz uma solução para este problema. Os autores elaboraram estratégias cooperativas centradas em conteúdo para redução do consumo energético. Consideraram nos cenários analisados para formar grupos comuns (*mobile cloud*) de consumidores, o tipo de conteúdo consumido por aqueles usuários. Eles demonstraram que nestes grupos a cooperação gera redução de consumo energético. Quando todos usuários de um grupo requisitam os mesmos conteúdos, a taxa de transferência é maior entre o grupo cooperativo do que deles para com a rede celular. Isto aumenta os tempos de transmissão ociosos, proporcionando redução energética.

3.1.2 Consumo de Energia

Para discutir consumo de bateria, é essencial entender como se dá o funcionamento básico das baterias dos dispositivos móveis. O site The Statistics Portal realizou no primeiro trimestre de 2018 uma pesquisa de *market share* global das baterias de íon de lítio [47]. A Panasonic Sanyo foi a empresa apontada em primeiro lugar, com 21,1% das vendas deste mercado. Por isto, tomaremos como referência as funcionalidades de baterias desta empresa.

No site da Panasonic está disponível um documento com as especificações e funcionalidades de sua bateria de íon de lítio [48]. Nele, é possível observar a curva de depleção da bateria. A depleção é o processo pelo qual passa um material semicondutor de medição da densidade de portadores de carga abaixo do seu nível e do nível de dopagem em uma temperatura específica [49].

Ainda neste documento, este fabricante afirma que suas baterias usam um carbono especial em sua composição que permite a produção de baterias estáveis com perfil de descarga menos acentuado durante o tempo de descarga da bateria. Mesmo assim, supondo que esta seja, de fato, uma bateria de boa qualidade, ela ainda apresenta uma curva de depleção variável, como é possível observar na Figura 3.2.

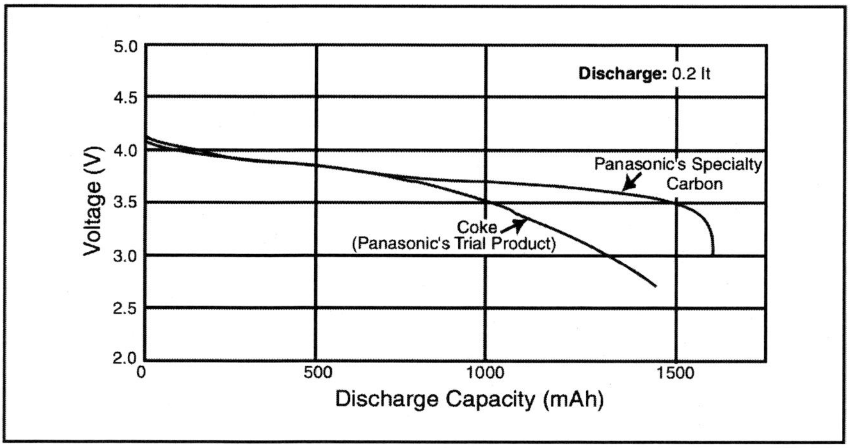

Figura 3.2: Curva de depleção de bateria de íon de lítio da Panasonic Sanyo. Adaptado de [48].

Nesta figura, a curva de depleção não é linear, mas variável. É possível perceber, por exemplo, uma acentuada queda nesta curva após os 500 mAh e nova acentuação na queda após os 1000 mAh. Esta característica é ocasionada pelas condições físicas e químicas deste tipo de bateria. Além disso, a temperatura também é outro fator que pode influenciar na depleção [50]. Ainda, devido às diferenças nas formulações química e física esta curva de depleção será diferente ainda em baterias de outras marcas. E para os casos de todas as baterias, a curva também se altera com o uso da bateria e o passar dos ciclos de vida.

Toda esta complexidade envolvida no processo de produção das baterias, que tem direta influência em seus mecanismos de carga e descarga, torna a literatura insipiente. Pouquíssimos trabalhos discutem abertamente este problema de implementação de um modelo de bateria não linear, assim como é a depleção das baterias. Menos ainda são aqueles que explicam a dificuldade desta implementação, devido a especificidades de cunho físico-químico.

Logo, como já mencionado, não foram encontrados simuladores com modelos de baterias implementados que simulem D2D em redes móveis. Assim, a solução que adotamos para conseguir avaliar o consumo de energia das comunicações D2D nas redes celulares, foi realizar as simulações no SimuLTE, que implementa a comunicação D2D no contexto de redes móveis LTE. A partir dos dados das simulações, coletamos a quantidade de bytes enviados e recebidos e realizamos uma modelagem matemática para transformá-los em consumo energético. A Seção 4.2 trata desta modelagem em detalhes.

3.2 Simuladores

Para o desenvolvimento das simulações deste trabalho não foi encontrado nenhum simulador que pudesse atender totalmente à necessidade da avaliação pretendida: simular consumo energético de dispositivos móveis sob comunicação D2D em redes LTE.

No entanto, defrontamo-nos com três soluções que poderiam atender parcialmente as necessidades do projeto: Modelo LTE de D2D para ns-3, Módulo do ns-3 para Consumo de Energia em dispositivos LTE e o SimuLTE, os quais detalhamos a seguir.

3.2.1 Modelo LTE D2D para ns-3

O *National Institute of Standards and Technology*, nos Estados Unidos, criou um *fork* do projeto do ns-3 e produziu, a partir dele, uma versão do simulador com suporte a D2D. O projeto [51] trata de uma derivação do modelo LTE já existente no ns-3 que implementa o D2D focado em Serviços de Proximidade (ProSe - *Proximity Services*). No entanto, este trabalho não considera o consumo de energia e, portanto, não acrescenta nenhum módulo de bateria.

3.2.2 Um Módulo do ns-3 para Consumo de Energia em dispositivos LTE

Um módulo do ns-3 para consumo de energia em dispositivos LTE está disponível [52]. Neste trabalho o *fork* que foi feito do projeto original do ns-3 acrescenta as funcionalidades do módulo de bateria, mas não adiciona nenhuma possibilidade de comunicação D2D.

Inicialmente, ao analisar que a falta deste projeto [51] é complementar a do anterior, [52] analisamos a viabilidade de integrá-los, o que foi desconsiderado após perceber que cada um tem sua implementação em forma de *forks* diferentes do ns-3 e não são modulares. Assim, foi incompatível reunir funções desejadas dos dois projetos, comunicação D2D e módulo de energia, em um projeto só.

3.2.3 OMNeT++ com SimuLTE

A última ferramenta analisada, e mais completa, foi o SimuLTE [23], que é baseado em OMNeT e INET, os quais serão explicadas a seguir.

OMNeT++ é um *framework* modular orientado a objetos para simulação de funções de redes [53]. Sua arquitetura é genérica e pode ser utilizada em vários domínios, como: modelagem de redes de comunicação com fio e sem fio; modelagem de protocolos; modelagem de sistemas distribuídos; validação de arquiteturas de hardware, entre outros.

O OMNeT++ não é um simulador por si só, mas sim, provê infraestrutura e ferramentas para simulação. Uma de suas principais vantagens, é sua arquitetura baseada em componentes para modelos de simulação. Assim, modelos permitem ser reusados por seus componentes. Módulos podem ser combinados de várias formas, como blocos.

Estes módulos podem ser conectados através de interfaces do tipo *gates* e combinados para formar módulos compostos. Módulos comunicam através de mensagens, estas, que carregam estruturas de dados variadas. Os módulos podem enviar mensagens para uma central de visibilidade pública ou diretamente para seus destinatários. Estes módulos são programados em C++ e utilizam as bibliotecas de simulação.

As simulações podem ser executadas em uma interface gráfica, animada, que facilita demonstrações e processos de *debugging* ou em linha de comando para execução com maior necessidade de desempenho.

Tanto o simulador quanto sua interface são portáveis e podem funcionar em sistemas operacionais como Linux, Mac OS/X e Windows. Esta versão do OMNeT++ é livre para uso acadêmico e sem fins lucrativos.

O INET é um *framework* de Redes para OMNeT++ que contém implementações dos protocolos IPv4, IPv6, TCP, SCTP e UDP, e vários modelos de aplicação. O *framework* possui os modelos PPP, Ether e 802.11 da camada de enlace [22].

O INET suporta simulações de redes móveis e sem fio e o roteamenteo estático pode ser configurado usando autoconfiguradores de rede ou implementações de protocolos de roteamento. Ele também tem um modelo de bateria com módulos de consumo, geração e armazenamento de energia. No entanto, sua implementação é atrelada ao rádio de *WiFi* configurado na camada física do simulador. Por isto, não pode ser estendido ou utilizado em outros modelos/*frameworks* do OMNeT++.

O SimuLTE [54], simulador utilizado neste trabalho, é um *framework* baseado no INET e OMNeT++. Ele roda sobre o OMNeT++, e depende também de modelos de rede do INET, dos quais herda funcionalidades e, em algumas, faz implementações complementares. O SimuLTE é um dos modelos disponíveis no OMNeT++, que provê um *framework* de simulações para o Plano de Dados de redes LTE-A. Uma vantagem de se utilizar o SimuLTE é sua implementação como um *Network Interface Card* (NIC), pois facilita sua integração com qualquer outro módulo OMNeT++. As simulações são providas com a composição de diferentes módulos que interagem entre si através da troca de mensagens [42].

Optamos utilizar este simulador, porque ele tem os serviços de D2D implementados em contexto de redes móveis LTE-A. Mesmo não tendo funções de energia disponíveis, foi o mais completo dentre os analisados e mais fácil de adicionar novas funcionalidades, por ser modular.

Ele possibilita simulações LTE/LTE-A em modo FDD (Frequency Division Duplexing), com redes heterogênas e possui modelos para os UEs e BSs. Nele é possível, inclusive, simular comunicações dispositivo-a-dispositivo (D2D - *Device-to-Device*) em modo unicast ou multicast [23][55].

O SimuLTE implementa simulações de camada de enlace, usadas tipicamente para testar as propriedades dos canais para links D2D, em virtude da falta de ferramentas para avaliar o desempenho D2D em nível de enlace. Por isso o SimuLTE, com suporte ao D2D, se mostra uma ferramenta eficaz para realizar testes de desempenho de novos algoritmos e serviços em diferentes cenários e configurações. [42]

Nativamente o SimuLTE permite aplicar diferentes potências de encaminhamento para o UL (Tx) e o D2D. Isso possibilita, por exemplo, avaliar a distância máxima ou a energia consumida por uma comunicação direta sob uma combinação específica de CQI (*Channel Quality Indicator*) e potência de transmissão (*transmission power*). Uma vez que a comunicação D2D possibilita a reutilização de frequência espacial, também é possível realizar testes de interferência e de desempenho de algoritmos que exploram reuso de frequência e coexistência de comunicação D2D e tradicional, por exemplo.

Quando dois UEs estão habilitados para comunicação D2D, o canal de comunicação entre eles é chamado de *sidelink* (SL). Nesse caso, a comunicação pode ser tanto no modo D2D, quanto no modo tradicional, infraestruturada. Um exemplo, de quando pode ser trocada a comunicação D2D pela infraestruturada, é se determinado UE se distancia de outros com quais tem comunicação, reduzindo o SINR nesse *sidelink*, ou se um eNB quer otimizar a alocação de recursos de acordo com suas próprias políticas de funcionamento.

No SimuLTE, a transmissão de dados e alocação de recursos é separada. A alocação de recursos é feita por um módulo central, o Binder, o qual monitora os blocos de recursos no sistema. O Binder é um módulo oráculo, que tem visibilidade completa do sistema, de todos os nós e pode ser solicitado por qualquer nó que queira obter alguma informação compartilhada, ou seja, ele mantém registros de cada alocação de recursos feita por cada nó, quando a eNB transmite em *downlink* (DL) e quando os UEs transmitem em *uplink* (UL). O fluxo de dados é modelado por trocas de mensagens entre módulos. A logística entre trocas de mensagens e alocação de recursos é mantida pelo Binder. Ele associa uma quantidade de blocos de alocação de recursos para cada mensagem.[56]

Capítulo 4

Desenvolvimento

Não havendo até o momento em que se realiza esta pesquisa nenhum simulador de redes que possua função de simular consumo de bateria em comunicação D2D em redes móveis LTE-A, a ferramenta escolhida foi o SimuLTE. Além dos fatores já mencionados sobre esta ferramenta, ele tem um mínimo de referencial bibliográfico disponível.

As simulações em D2D nesta ferramenta possibilitam configurações flexíveis e têm se tornado populares na comunidade acadêmica. No entanto, falta a funcionalidade de simulação de funções de energia/bateria. Por isso, tentamos implementar as funcionalidades de consumo de energia/bateria no SimuLTE. Mas as dificuldades foram várias.

4.1 Dificuldades Encontradas

Alguns dos obstáculos enfrentados na busca por um simulador ideal, a princípio, pareciam possíveis de solucionar, mas com o entendimento dos problemas, descobríamos inviabilidades. Não encontramos nas bibliografias relatos claros destas dificuldades. Assim, é de pontuar aqui as principais dificuldades, para que outros pesquisadores possam tomá-las como experiências, partir suas pesquisas deste ponto, e evoluir um pouco mais a temática.

4.1.1 Módulo de Energia do INET

O INET [57], *framework* de redes do simulador OMNeT++, e o qual serve como base para o SimuLTE, que utiliza de seus modelos para estender as funcionalidades LTE, dispõem de um módulo de modelos de energia que consiste de três componentes: consumo, geração e armazenamento de energia.

Os modelos de consumo de energia são dois:

- **AlternatingEnergyGenerator**: um modelo estatístico trivial, baseado em consumo de energia; e

- **StateBasedEnergyConsumer**: um modelo de consumo de energia baseado nos modos do rádio do INET e seus estados de transmissão e recepção.

Já os modelos de armazenamento de energia são:

- **IdealEnergyStorage**: modelo ideal com capacidade de energia e fluxo de energia infinitos;

- **SimpleEnergyStorage**: é um modelo não trivial, que integra as diferenças entre o total de energia consumida e o total de energia gerada ao longo do tempo;

- **SimpleBattery**: é um modelo mais realístico, baseado em carga e corrente utilizando fonte de tensão ideal independente e resistência interna.

Para este estudo, foi considerada inexistente a geração de energia na rede.

Este módulo de energia do INET é separado de outros modelos de simulação. Esta separação faz o modelo de energia extensível. Assim, diante da necessidade de inferir consumo energético de encaminhadores em redes móveis, a primeira solução planejada foi a de se aproveitar o módulo e criar, no SimuLTE, uma interface de acesso a ele.

Veja na Figura 4.1 o posicionamento do módulo Power do INET em sua estrutura de diretórios.

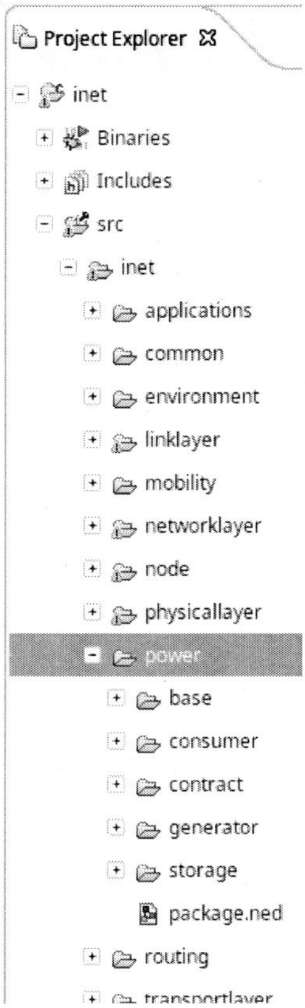

Figura 4.1: Posicionamento do módulo power na estrutura de diretórios do INET.

Utilizando a sistemática de interface definida pela API do INET/SimuLTE, na classe de definição dos equipamentos de usuários (UEs - *User Equipments*) foram adicionados submódulos de armazenamento, geração e consumo de energia, estendendo o módulo "*power*" do INET, como pode ser visto no trecho de código 4.1 do arquivo de descrição de rede que cria os UEs.

Listing 4.1: Adicionando módulos de energia do INET ao SimuLTE.

```

module Ue
{
    parameters:
        .
```

```
        .
        .
    //# Energy capability
        bool hasStatus = default(false);
        string energyStorageType = default("");
        string energyGeneratorType = default("");
        *.energySourceModule = default(energyStorageType != ""
                ? absPath(".energyStorage") : "");
        string energyConsumerType =
                default("StateBasedEnergyConsumer");
        .
        .
        .
        submodules:
        .
        .
        .
        status: NodeStatus if hasStatus { //HostState
            @display("p=49.068,225.504");
        energyStorage: <energyStorageType> like IEnergyStorage
                if
                energyStorageType != "" {
        parameters:
                @display("p=49.068,335.124;i=block/plug;is=s");
        }
        energyGenerator: <energyGeneratorType> like
                IEnergyGenerator if
                        energyGeneratorType != "" {
                parameters:
                        @display("p=49.068,280.836;i=block/
                plug;is=s");
        }
        energyConsumer: <energyConsumerType> like
                IEnergyConsumer if
                        energyConsumerType != "" {
                parameters:
                        @display("p=100,350");
                }
```

Este módulo seria especialmente útil, utilizando o modelo de consumo de energia baseado em estado em conjunto com modelo de armazenamento *SimpleEnergyStorage*, para que pudesse ser reduzida da bateria toda energia consumida em cada transmissão de um pacote, considerando os diferentes valores de consumo de acordo com cada estado de consumo. No entanto, ao instanciar o módulo (veja no Código 4.2) nos arquivos de configuração da rede, ao executar as simulações foi obtido erro de *casting* entre a camada física do SimuLTE e a do INET. Investigando o erro, percebemos que a implementação do módulo estava diretamente atrelada, de forma não modular, à implementação do rádio da interface de rede 802.11 do INET, para que pudessem ser captados os estados do rádio.

Listing 4.2: Instanciando módulos de energia do INET no SimuLTE.

```

# Setting power consumption
**.energyStorageType = "SimpleEnergyStorage"
**.energyConsumerType = "StateBasedEnergyConsumer"
**.energyStorage.nominalCapacity = 0.05J
**.energyStorage.nodeShutdownCapacity = 0J
**.energyStorage.nodeStartCapacity = 0.5 * this.nominalCapacity
**.energyStorage.initialCapacity=uniform(0J, this.nominalCapacity)
**.energyGeneratorType = "AlternatingEnergyGenerator"
**.energyGenerator.energySinkModule = "^.energyStorage"
**.energyGenerator.powerGeneration = 0mW #1mW
**.energyGenerator.sleepInterval = exponential(10s)
**.energyGenerator.generationInterval = exponential(10s)
```

Neste momento, se tornou difícil a solução de usar uma interface no SimuLTE para o módulo do INET, tendo em vista a impossibilidade de desacoplar o módulo de energia do modelo de rádio definido no INET.

4.1.2 *Port* do MiXiM para o SimuLTE

O MiXiM [58] é um framework do simulador OMNeT++ para simular redes móveis e fixas, que permite, inclusive simular consumo de energia, através de um módulo de bateria próprio.

Analisando a arquitetura deste módulo, percebemos uma estrutura modular, para qual pode ser implementada uma interface de comunicação e integrada ao SimuLTE. Assim, foi tentado fazer um *port* do módulo de energia do MiXiM para o SimuLTE.

A inviabilidade deste *port* foi percebida quando na tentativa de compilar o código portado, se iniciaram os problemas de dependência de biblioteca já inexistentes e ausência de definições de *kernel* criadas para o MiXiM e já não suportadas mais na versão atual do OMNeT++.

Alguns problemas de dependência não foram possíveis de resolver, devido a defasagem deste projeto, com funções e bibliotecas antigas que já não existem mais ou foram substituídas. O MiXiM fora criado com compatibilidade para o OMNeT++ versão 1. Atualmente o OMNeT está na versão 5.2 e o MiXiM foi descontinuado, o que tornou esse *port* impraticável.

4.1.3 Junção de Projetos do ns-3

Uma outra tentativa de solucionar o problema com tecnologias já existentes foi juntar os projetos [51] [52], citados nas Seções 3.2.1 e 3.2.2. Uma vez que o primeiro implementa o D2D para LTE e o segundo apresenta um módulo de consumo de energia para LTE, a junção das duas soluções seria o ideal para este projeto.

No entanto, isto também não foi possível pela forma como os projetos foram implementados. Cada um é um *fork* independente do projeto ns-3 e tem dependências do código principal difíceis de serem desfeitas, modularizadas e integradas entre os projetos.

4.1.4 Adaptação de Módulo de Energia do INET à Camada Física do SimuLTE

Diante o insucesso das tentativas anteriores e já ciente do problema de *casting* que impossibilitava a utilização direta do módulo de estados do INET, tentamos uma solução mais simples: aproveitar a função de consumo de energia do INET, instanciá-la no SimuLTE e incluir uma chamada para essa função na camada física do rádio LTE toda vez que houvesse um evento de transmissão ou recepção de um pacote por um dos nós.

Para tanto, importamos a biblioteca *"StateBasedEnergyConsumer.h"* do INET para os arquivos SimuLTE "*LtePhyUe.h*"e "*LtePhyUeD2D.h*", essas por sua vez, bibliotecas de "*LtePhyUe.cc*"e "*LtePhyUeD2D.cc*", nas quais estão os eventos de transmissão UL/DL e SL, respectivamente. Os arquivos mencionados neste parágrafo podem ser encontrados na dissertação publicada com a íntegra deste texto, disponível na página do Programa de Pós-Graduação em Computação da Universidade Federal Fluminense <www.ic.uff.br>.

Criamos uma função "*useBattery*"que acionava o uso da bateria à partir do arquivo de inicialização da rede e a adicionamos nas funções das classes .cc do UE. Nesta função, *rxAmout* e *txAmount* representam os valores de recepção e transmissão que deveriam ser decrementados da bateria. Estes valores também são instanciados no arquivo de configuração da rede e admitem valores diferentes, além de valores para transmissão e recepção, também para SL e DL/UL. No Código 4.3 é possível verificar como a função *useBattery* foi inserida na camada física do SimuLTE.

Listing 4.3: Função useBattery.

```
// Instanciando a funcao de atualizacao do
// modulo de bateria do INET.
updatePowerConsumption=inet::power::AlternatingEnergyConsumer.
        updatePowerConumption(W amount)

// Funcao de decremento da bateria a partir
// da energia consumida para transmissao.
amount = txAmount;
if (useBattery_){
        updatePowerConsumption(amount);
}

// Funcao de decremento da bateria a partir
// da energia consumida para recepcao.
amount = rxAmount;
if (useBattery_){
        updatePowerConsumption(amount);
}
```

Não houve erros de compilação nestas implementações, a chamada da função acontecia, no entanto, a bateria não decrementava. Descobrimos a posteriori que isso deve-se ao fato de que as funções nestes simuladores estavam se comunicando por meio da troca de mensagens padrão do OMNeT++.

É preciso então, primeiro implementar o processo de leitura e envio de mensagens para a central de mensagens do simulador. E, em seguida, entender como fazer comunicar as mensagens das funções de dois espaços de trabalho diferentes.

A busca de soluções para este problema ocorreu em paralelo com a tentativa de implementação do módulo de bateria diretamente no SimuLTE, descrita na próxima seção. No entanto, ambas tentativas foram interrompidas devido a inviabilidade descoberta quando ocorreu o entendimento da problemática de depleção de bateria, já explicada no Capítulo 3.

4.1.5 Criação de Módulo de Energia no SimuLTE

Visto o trabalho necessário no final da seção anterior, para solucionar a comunicação por mensagens, foi idealizada a implementação de um módulo de bateria no SimuLTE que tivesse modelos de simulação de consumo e armazenamento de energia. Uma vez solucionada a dinâmica de comunicação por mensagens partindo de espaços de trabalhos diferentes, poderíamos implementar o módulo no próprio SimuLTE, sem necessidade de alterar código do INET, de maneira a reduzir as dependências.

Nesta etapa de pesquisa, buscamos mais sobre modelagem de baterias na literatura para entender seu funcionamento, para definir como poderia ser feito o projeto.

Como resultado destas pesquisas e conversas com outros pesquisadores, veio o conhecimento da problemática da depleção de bateria, já mencionada na Seção 3.1.2. Então, esta proposta foi inviabilizada pela tamanha complexidade envolvida na implementação de um modelo realístico de bateria de íons de lítio e o tempo restante para finalização desta pesquisa.

4.2 Análise do Consumo Energético

Depois de feitas todas essas tentativas com abordagens diferentes, percebemos que as implementações ficaram não funcionais ou simples demais para a complexidade que o problema apresentou ao longo da pesquisa.

Logo, não havendo disponível um simulador que além de prover comunicação D2D, implementasse um modelo de consumo de energia não linear, a ação seguinte foi realizar simulações de D2D e modelar um consumo de energia por cada nó multiplicando a quantidade de bytes transmitidos e recebidos por uma constante de consumo de energia.

Para analisar o consumo energético, consideramos a quantidade e tipos de pacotes trafegados em cada nó. O consumo energético de uma interface LTE para realizar transmissão e recepção de pacotes se diferem. De acordo com Höyhtyä et al [17] para recepção de pacotes o consumo é de $51,97mW/(Mb/s)$ e para transmissão de $438,39mW/(Mb/s)$.

Considerando o tempo total de transmissão de uma simulação e a quantidade de pacotes que a interface de um dispositivo enviou e recebeu naquele período, é possível modelar o consumo energético desta forma:

$$C(p_{rx}) = \left(\frac{\left(\frac{Q_B(p_{rx})}{1e-6} \right)}{t_{rx}} \right) * \alpha \qquad \alpha = 51,97mW/(Mb/s) \tag{4.1}$$

A Equação 4.1 apresenta o consumo energético para um nó receptor $(C(p_{rx}))$ em $mW/Mbps$, na qual $Q_B(p_{rx})$ é a quantidade, em grandeza de armazenamento computacional, de dados recebidos por um nó p receptor (r_x). Os resultados de simulação retornam este dado em bytes, o qual dividimos por $1e-6$ para transformar em megabits. Como o consumo desejado para o nó é dado por mW por Mb por segundo, dividimos por t_{rx} que é o tempo pelo qual o nó p receptor rx recebeu pacotes. Por fim, multiplicamos por α para ter o consumo total do nó de acordo com a quantidade de megabits transmitidos no intervalo de tempo [17].

$$C(p_{tx}) = \left(\frac{\left(\frac{Q_B(p_{tx})}{1e-6} \right)}{t_{tx}} \right) * \beta \qquad \beta = 438,39mW/(Mb/s) \qquad (4.2)$$

Na Equação 4.2 o princípio é o mesmo que na Equação 4.1, alterando apenas os nós receptores (p_{rx}) para transmissores (p_{tx}), o tempo de consumo na recepção (t_{rx}), para o tempo de consumo na transmissão (t_{tx}) e a taxa de consumo, também para a de transmissão (β).

$$C(R) = \sum_{C(p_{rx_0})}^{C(p_{rx_{n-1}})} + \sum_{C(p_{tx_0})}^{C(p_{tx_{n-1}})} \qquad (4.3)$$

Assim, podemos calcular o consumo energético total da rede $C(R)$ realizando uma adição da somatória do consumo de cada nó receptor $[C(p_{rx_1})..C(p_{rx_n})]$, com a somatória de consumo dos nós transmissores $[C(p_{tx_1})..C(p_{tx_n})]$, como demonstrado na Equação 4.3.

Utilizamos esta modelagem nos resultados dos experimentos realizados, e no Capítulo 5 detalhamos a análise de consumo energético de cada experimento com os respectivos gráficos, para melhor visualização.

Capítulo 5

Simulações e Resultados

5.1 Simulações

As tecnologias para uma nova geração de telefonia celular nascem sempre de experimentações teóricas antes de serem testadas em campo. As simulações são uma das maneiras de experimentos mais eficazes para tal, pois há ambientes de simulações que oferecem configurações com restrições e variáveis próximas do real, possibilitando resultados realísticos. Por esse motivo, este trabalho realiza simulações de comunicação dispositivo-a-dispositivo em redes LTE-A, para identificar como se dá o consumo de energia nestes cenários.

Essa problemática de quando usar a comunicação D2D e quando usar a infraestruturada tem ganhado atenção da comunidade acadêmica e, consequentemente, aumentaram as simulações com esse tipo de comunicação. O intuito é descobrir algoritmos e técnicas que aumentem, por exemplo, o desempenho tanto do roteamento quanto descarregamento de tráfego de rede [59] [60].

No simulador SimuLTE, nos baseamos na arquitetura de rede nomeada "SingleCell_D2DMulticast". A Figura 5.1 é um exemplo de uso do SimuLTE que traz uma demonstração gráfica desta configuração, e o Código 5.1 traz a programação em NED (*Network Description*) linguagem de descrição de rede do OMNeT++.

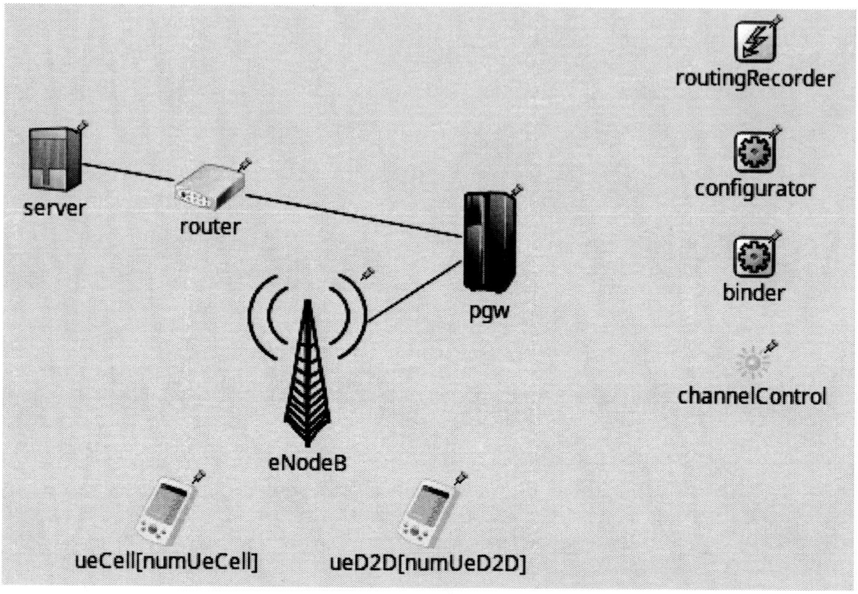

Figura 5.1: Vsiualização gráfica da arquitetura de rede D2D base.

Listing 5.1: Arquivo de Descrição.

```

package lte.simulations.networks;
.
.
.
network SingleCell_D2DMulticast
{
    parameters:
        int numUeCell = default(1);
        int numUeD2D = default(0);
        @display("i=block/network2;bgb=991,558;bgi=background/
        budapest");
    submodules:
        channelControl: LteChannelControl {
            @display("p=705.20624,258.7;is=s");
        }
        routingRecorder: RoutingTableRecorder {
            @display("p=706.45,29.85;is=s");
        }
        configurator: IPv4NetworkConfigurator {
            @display("p=706.45,108.206245");
            config = xmldoc("demo.xml");
        }
```

```
        binder: LteBinder {
            @display("p=706.45,182.83125;is=s");
        }
        server: StandardHost {
            @display("p=212,118;is=n;i=device/server");
        }
        router: Router {
            @display("p=321,136;i=device/smallrouter");
        }
        pgw: PgwStandardSimplified {
            nodeType = "PGW";
            @display("p=519,175;is=l");
        }
        eNodeB: eNodeB {
            @display("p=391,259;is=vl");
        }
        ueCell[numUeCell]: Ue {
            @display("p=292,367");
        }
        ueD2D[numUeD2D]: Ue {
            @display("p=477,367");
        }
    connections:
        server.pppg++ <--> Eth10G <--> router.pppg++;
        router.pppg++ <--> Eth10G <--> pgw.filterGate;
        pgw.pppg++ <--> Eth10G <--> eNodeB.ppp;
}
```

Verificando-os, é possível perceber que é instanciado um parâmetro para criação de células na rede e outro para criação de nós UEs com capacidade D2D.

Também são instanciados submódulos necessários para controle do canal LTE, gravação de tabela de roteamento, configurador de rede com protocolo IPv4, roteador de rede, *gateway* de pacotes de dados da rede (*PGW - Packet Data Network Gateway*), um *host* servidor, para rodar as aplicações, estação base da rede LTE (eNodeB), células de UEs para a rede LTE, nós para a rede LTE e, por fim, o Binder, que é o módulo criado pelo SimuLTE para monitorar e fornecer informações sobre a alocação de recursos na rede.

Ainda, são estabelecidas conexões Ethernet de 10 Gb/s do servidor para o roteador, do roteador para o *gateway* e do *gateway* para a estação base. Observando que a estação base se conectará aos dispositivos móveis por meio de rádio sem fio LTE. Para melhor entendimento, vale observarmos também como está arquitetado o módulo que cria os nós UEs. Ele é descrito no Código 5.2.

Listing 5.2: Arquitetura do módulo de nós UE.

```

package lte.corenetwork.nodes;

import inet.applications.contract.ITCPApp;
import inet.applications.contract.IUDPApp;
import inet.mobility.contract.IMobility;
import inet.networklayer.common.InterfaceTable;
import inet.networklayer.contract.IRoutingTable;
import inet.networklayer.contract.INetworkLayer;
import inet.transportlayer.tcp.TCP;
import inet.transportlayer.udp.UDP;
import lte.stack.phy.LteNicUe;
import lte.stack.phy.LteNicUeD2D;

module Ue
{
    parameters:
        @networkNode();
        @display("i=device/pocketpc;bgb=400,518");

        //# Mobility
        string mobilityType = default("StationaryMobility");

        //# Apps
        int numTcpApps = default(0);
        int numUdpApps = default(0);

        //# Node specs
        string nodeType = "UE";  // DO NOT CHANGE
        int masterId;
        int macNodeId = default(0);
        int macCellId = default(0);

        //# D2D capability
        bool d2dCapable = default(false);

        //# Network Layer specs
        string networkLayerType = default("IPv4NetworkLayer");
        string routingTableType = default("IPv4RoutingTable");
        *.interfaceTableModule = default(absPath(".interfaceTable"
        *.routingTableModule = default(absPath(".routingTable"));

    gates:
        input radioIn @directIn;     // connection to master

    submodules:
        interfaceTable: InterfaceTable {
            @display("p=50,75;is=s");
        }
        // routing table
        routingTable: <routingTableType> like IRoutingTable if
        routingTableType != "" {
```

```
            parameters:
                @display("p=50,125;is=s");
        }
        mobility: <mobilityType> like IMobility {
            @display("p=50,175;is=s");
        }
        tcpApp[numTcpApps]: <> like ITCPApp {
            @display("p=175,50,row");
        }
        tcp: TCP if numTcpApps>0 {
            @display("p=175,150");
        }
        udpApp[numUdpApps]: <> like IUDPApp {
            @display("p=325,50,row");
        }
        udp: UDP if numUdpApps>0 {
            @display("p=325,150");
        }
        // NOTE: instance must be named "nic"
        nic: LteNicUe if !d2dCapable {
            nodeType = nodeType;
            d2dCapable = d2dCapable;
            @display("p=250,407");
        }
        // NOTE: instance must be named "nic"
        nic: LteNicUeD2D if d2dCapable {
            nodeType = nodeType;
            d2dCapable = d2dCapable;
            @display("p=250,407");
        }
        // network layer
        networkLayer: <networkLayerType> like INetworkLayer {
            parameters:
                @display("p=250,258");
        }
    connections allowunconnected:
    //# Internal TCP/UDP applications connections with IP stack

        for i=0..numTcpApps-1 {
            tcpApp[i].tcpOut --> tcp.appIn++;
            tcpApp[i].tcpIn <-- tcp.appOut++;
        }

        tcp.ipOut --> networkLayer.transportIn++ if numTcpApps>0;
        tcp.ipIn <-- networkLayer.transportOut++ if numTcpApps>0;

        for i=0..numUdpApps-1 {
            udpApp[i].udpOut --> udp.appIn++;
            udpApp[i].udpIn <-- udp.appOut++;
        }

```

```
        udp.ipOut --> networkLayer.transportIn++ if numUdpApps>0;
        udp.ipIn <-- networkLayer.transportOut++ if numUdpApps>0;

        nic.radioIn <-- radioIn;

        networkLayer.ifOut++ --> nic.upperLayerIn;
        networkLayer.ifIn++ <-- nic.upperLayerOut;
}
```

Assim, explicaremos a seguir a configuração de inicialização da rede que foi realizada para as simulações.

Configuração da Rede

O arquivo de configuração está dividido em diferentes seções, identificadas pela utilização de uma palavra identificadora dentro de colchetes. A primeira seção abaixo, "General", faz as configurações básicas do simulador, como indicar caminhos para buscar e guardar informações, além das configurações básicas da simulação, como indicar duração do experimento e quantidade de repetições. Também é nela que são especificados parâmetros de canal, da camada física e de mobilidade.

```

[General]
image-path=../../images
tkenv-plugin-path = ../../../inet/etc/plugins
output-scalar-file-append = false
debug-on-errors = false
tkenv-default-config =
sim-time-limit=1000s
warmup-period=0s
repeat = 10
**.routingRecorder.enabled = false

################ Statistics ###################
output-scalar-file = ${resultdir}/${configname}/${repetition}.sca
output-vector-file = ${resultdir}/${configname}/${repetition}.vec
seed-set = ${repetition}
**.vector-recording = true

################# Channel parameters ######################
**.channelControl.pMax = 10W
**.channelControl.alpha = 1.0
**.channelControl.carrierFrequency = 2100e+6Hz

################# PhyLayer parameters ######################
**.nic.phy.channelModel=xmldoc("config_channel.xml")
**.feedbackComputation = xmldoc("config_channel.xml")

################# Mobility parameters #####################
```

```
**.mobility.constraintAreaMinZ = 0m
**.mobility.constraintAreaMaxZ = 0m

################## Deployer parameters ##########################
# UEs attached to eNB
**.fbDelay = 1

################ AMC MODULE PARAMETERS ################
**.rbAllocationType = "localized"
**.deployer.numRbDl = 50
**.deployer.numRbUl = 50
**.numBands = 50
```

A seção “MultiplePairs” estende a arquitetura de rede "SingleCell", já explicada anteriormente, onde há uma só célula LTE. Aqui, são adicionados a esta arquitetura configurações de posicionamento e mobilidade da eNB e dos UEs, bem como quantidade destes e identificadores.

```

[Config MultiplePairs]
network=lte.simulations.networks.SingleCell_D2D

### eNodeBs configuration ###
*.eNodeB.mobility.initFromDisplayString = false
*.eNodeB.mobility.initialX = 300m
*.eNodeB.mobility.initialY = 300m

### UEs configuration ###
*.numUeCell = 0
#*.numUeD2DTx = ${numPairs=5,20,50}
*.numUeD2DTx = ${numPairs=40}
*.numUeD2DRx = ${numPairs}

*.ue*[*].macCellId = 1
*.ue*[*].masterId = 1
*.ue*[*].mobility.initFromDisplayString = false
*.ue*[*].mobilityType = "LinearMobility"
*.ue*[*].mobility.speed = 2mps

# Place D2D endpoints far from the eNodeB (~50m)
# and close to each other
*.ueD2D*[*].mobility.initialX = uniform(290m,310m)
*.ueD2D*[*].mobility.initialY = uniform(340m,350m)
```

Uma vez já criada a rede, a seção "Config MultiplePairs-UDP-Infra", que estende uma arquitetura de rede de múltiplos pares já definida no simulador, trata de prover as configurações básicas necessárias para o funcionamento do protocolo e aplicação que serão utilizados.

Podemos verificar a configuração de uma aplicação do tipo VoIP (*Voice over IP*) e sua habilitação para todos os nós transmissores e receptores da rede.

```
[Config MultiplePairs-UDP-Infra]
extends=MultiplePairs

### Traffic configuration ###
*.ueD2D*[*].numUdpApps = 1

# Traffic between pairs of UEs (e.g. ueD2DTx[0] --> ueD2DRx[0])
# Transmitters
*.ueD2DTx[*].udpApp[*].typename = "VoIPSender"
*.ueD2DTx[*].udpApp[*].localPort = 3088+ancestorIndex(0)
*.ueD2DTx[*].udpApp[*].startTime = uniform(0s,0.02s)
*.ueD2DTx[*].udpApp[*].destAddress =
        "ueD2DRx[" + string(ancestorIndex(1)) + "]"
*.ueD2DTx[*].udpApp[*].destPort = 1000
# Receivers
*.ueD2DRx[*].udpApp[*].typename = "VoIPReceiver"
*.ueD2DRx[*].udpApp[*].localPort = 1000

# Disable D2D for the eNodeB and the UEs
*.eNodeB.d2dCapable = false
*.ueD2D*[0].d2dCapable = false
**.**.amcMode = "AUTO"
```

Agora, a seção "Config MultplePairs-UDP-D2D"estende as configurações da seção anterior, e adiciona a habilitação da comunicação D2D. A estação base e os nós são habilitados para comunicação D2D, de acordo com os parâmetros de CQI. Um nó decidirá por estabelecer comunicação por D2D quando seu CQI atingir o valor estabelecido nesta seção.

Aqui, além de habilitar os UEs à comunicação D2D, também é necessário estabelecer quais serão os pares. Portanto, cada vez que se quiser mudar a quantidade de nós encaminhadores e quais serão estes, é necessário realizar esta configuração nesta seção.

Neste arquivo, por exemplo, todos os nós estão habilitados a executar comunicação D2D, no entanto, os pareamentos foram estabelecidos apenas entre os nós Tx e Rx de 1 a 10.

```
[Config MultiplePairs-UDP-D2D]
extends=MultiplePairs-UDP-Infra

# Enable D2D for the eNodeB and the UEs involved
# in direct communications
*.eNodeB.d2dCapable = true
*.ueD2D*[*].d2dCapable = true
**.amcMode = "D2D"

```

```
# --- Set the D2D peering capabilities --- #
string(ancestorIndex(1)) + "]"
*.ueD2DTx[1..10].nic.d2dPeerAddresses =
        "ueD2DRx[" + string(ancestorIndex(1)) + "]"

# --- Select CQI for D2D transmissions --- #
*.eNodeB.nic.phy.enableD2DCqiReporting = true
**.usePreconfiguredTxParams = false
**.d2dCqi = 7
```

5.1.1 Configuração das simulações

O objetivo das simulações é avaliar o consumo de energia em uma rede LTE com a presença de UEs que podem se comunicar diretamente. Para tanto, dos resultados das simulações consideramos a quantidade de mensagens enviadas e recebidas para calcular a quantidade total de mensagens, bem como a energia consumida por nó e no cenário, em diferentes cenários: sem UEs encaminhadores, com alguns UEs encaminhadores e com todos UEs encaminhando.

O encaminhamento é o processo de encaminhamento feito por um nó habilitado pela comunicação D2D a receber uma mensagem da estação base e encaminhá-la a um nó ou vice-versa.

Os parâmetros adotados para realizar as simulações estão especificados na Tabela 5.1. Para cada um dos experimentos foram definidos 6 cenários. Para cada cenário foram executadas 10 rodadas, como pode ser verificado na Tabela 5.2.

Tabela 5.1: Parâmetros de simulação.

Parâmetro	Valor
Largura da Banda	5 MHz
Frequência da Portadora	2 GHz
Modelo de perda	ITU Urban Macro
Modelo de desvanecimento	Jakes
Modelo de mobilidade	Linear Mobility (Modelo do OMNeT++)
Velocidade	2 m/s
Ruído	5 dB
Distância eNB - UE	500, 1000, 1500, 2000 m
Tempo de simulação	1000 s

A rede foi configurada com 80 dispositivos móveis, distribuídos de forma estacionária e aleatória em uma área densa, de 200 m^2. Consideramos uma rede com uma célula, como na classificação DR-OC [20] apresentada, ou seja, a comunicação D2D é dentro da banda LTE, gerenciada pela estação base. A Figura 5.2 ilustra como é, neste caso, a diferença da rede sem e com encaminhador. Os dispositivos se comunicaram de forma simultânea, utilizando, em alguns cenários, aplicação VoIP sobre protocolo UDP e, em outros, aplicação TCP. Os pares de comunicação são definidos para cada experimento e serão explicados a seguir ao detalhar sobre cada simulação. A escolha do encaminhador é feita a partir de um algoritmo de cálculo de CQI, que prefere aquele de melhor CQI.

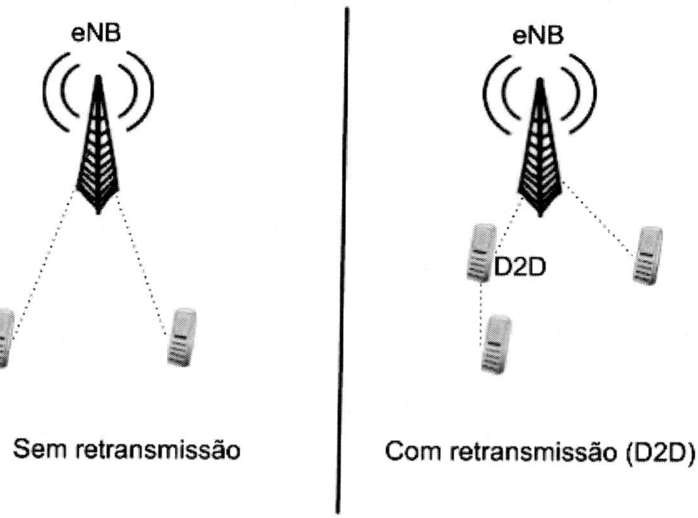

Figura 5.2: Esquema de comunicação com e sem encaminhamento.

Tabela 5.2: Quantidades de experimentos.

Experimento	**Nós UEs**	**Nós encaminhadores (D2D)**
1	80	40 (100%)
2	80	30 (75%)
3	80	20 (50%)
4	80	10 (25%)
5	80	04 (10%)
6	80	00 (0%)

Foi escolhida a utilização do modelo de mobilidade *Linear Mobility*. Este é um modelo aleatório para definir de forma linear a movimentação dos usuários móveis e também sua velocidade de forma constante [61]. O funcionamento padrão do modelo é o seguinte: os nós são posicionados aleatoriamente no cenário, com um ângulo de inicialização também aleatório. Iniciada a simulação, todos os nós se movem por uma linha reta com uma velocidade constante. Eles seguem até atingirem a área de limite definida e então, adquirem um novo ângulo, também aleatório, para traçar nova reta.

5.2 Resultados

Para avaliar o consumo de energia com presença de nós que podem se comunicar usando D2D, definem-se diferentes experimentos com diferentes configurações. Variam-se o tipo de aplicação, o protocolo de transporte, velocidade dos nós e o tamanho dos pacotes. Os experimentos realizados neste trabalho são descritos a seguir e detalhados adiante:

1. Transmissão *multicast* usando UDP à partir do Nó [0] para outros nós da rede, com velocidade de 2 m/s;

2. Comunicação *unicast* utilizando protocolo TCP com transmissão dos nós Tx para Rx, com velocidade de 2 m/s;

3. Protocolo UDP com utilização de aplicação VoIP transmitindo de nós Tx para Rx, com velocidade de 1 m/s;

4. Semelhante ao anterior, com velocidade de 2 m/s;

5. Semelhante ao 3, mas com velocidade de 5 m/s;

6. *Streaming* de arquivo de vídeo com tamanho de 4 MB dos nós Tx para o Rx correspondente, utilizando pacotes de 256 B;

7. Semelhante ao anterior, mas utilizando pacotes de 512 B;

8. Semelhante ao 6, alterando o tamanho dos pacotes para 1024 B.

A Tabela 5.3 aponta como foram configurados os casos base de cada experimento. Nestes cenários, não havia encaminhamento, apenas os protocolos e aplicações apontados, utilizando a comunicação infraestruturada convencional. Já na Tabela 5.4 detalhamos as variações realizadas em cada experimento em função da quantidade de UEs Tx, Rx e encaminhadores. Para os Experimentos 3, 4 e 5, são executados os 6 cenários em cada um (um cenário sem encaminhamento e outros cinco com encaminhamento), assim como nos experimentos 6, 7 e 8 também são executados os 6 cenários especificados. Os resultados dessas simulações servem para comparar os resultados obtidos com a comunicação D2D.

Tabela 5.3: Descrição dos experimentos sem comunicação D2D.

Aplicação	**Transporte**	**Velocidade**	**Tam. Pacotes**
1. *Multicast*	UDP	2 m/s	10 B
2. *Unicast*	TCP	2 m/s	-
3. VoIP	UDP	1 m/s	40 B
4. VoIP	UDP	2 m/s	40 B
5. VoIP	UDP	5 m/s	40 B
6. Vídeo	UDP	2 m/s	256 B
7. Vídeo	UDP	2 m/s	512 B
8. Vídeo	UDP	2 m/s	1024 B

Tabela 5.4: Descrição dos experimentos com comunicação D2D.

	Cenário	Qtd Tx	Qtd Rx	D2D
	1	0	0	4
1. *Multicast* (2 m/s)	2	0	0	10
	3	0	0	20
	4	0	0	30
	5	0	0	40
	1	40	40	Tx[0..03]
	2	40	40	Tx[0..09]
2. TCP (2 m/s)	3	40	40	Tx[0..19]
	4	40	40	Tx[0..29]
	5	40	40	Tx[0..39]
3. UDP VoIP (1 m/s)	1	40	40	Tx[0..03]
e	2	40	40	Tx[0..09]
4. UDP VoIP (2 m/s)	3	40	40	Tx[0..19]
e	4	40	40	Tx[0..29]
5. UDP VoIP (5 m/s)	5	40	40	Tx[0..39]
6. *Streaming* (256 B)	1	4	4	Tx[0..03]
e	2	10	10	Tx[0..09]
7. *Streaming* (512 B)	3	20	20	Tx[0..19]
e	4	30	30	Tx[0..29]
8. *Streaming* (1024 B)	5	40	40	Tx[0..39]

A seguir, apresentamos primeiro cada experimento em específico e, em seguida, discorremos algumas comparações entre experimentos, focando na análise de consumo energético.

5.2.1 Aplicação *Multicast*

No caso base, somente o Nó [0] recebe e transmite pacotes para estação base. Os demais somente recebem cópias das mensagens, encaminhadas pelo Nó [0]. Neste cenário, foram transmitidos 223009,2 B e recebidos 362696,2 B.

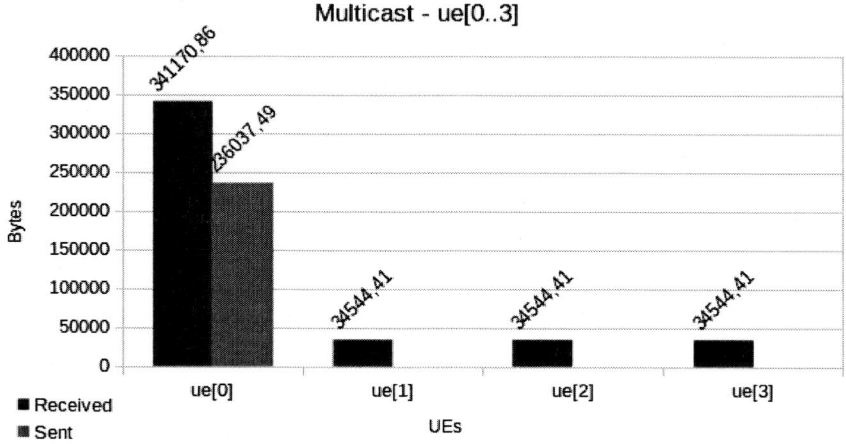

Figura 5.3: Número de bytes transmitidos e recebidos no experimento multicast com 4 UEs.

Já realizando encaminhamentos, para o cenário com 4 nós, demonstrado na Figura 5.3, o nó [0] envia 236037,49 B e recebe 341170,86 B. Os demais nós somente recebem dados que, por serem enviados em *multicast* têm todos o mesmo valor, de 34544,41 B.

Realizando a transformação energética, verificamos que neste experimento altera-se o consumo apenas se estiver sendo realizado o encaminhamento. Não importando se com 4, 10, 20, 30 ou 40 nós, o consumo é o mesmo em todos os cenários em que há encaminhamento. Diferindo apenas do cenário que não há, como se vê na Tabela 5.5, onde a primeira linha representa o Caso Base e a segunda o Cenário com D2D. Em ambos os casos os valores são representados em mW/Mbps.

Tabela 5.5: Consumo energético dos cenários do experimento *multicast*.

	Enviados ue[0]	**Recebidos ue[0]**	**ue[1..n]**
Caso Base	0,098	0,019	00
Cenário D2D	0,103	0,018	0,0002

Desta forma, na Figura 5.4, podemos verificar a evolução de consumo energético do experimento Multicast, primeiramente quando há 80 nós, mas nenhum participando do encaminhamento e depois os demais cenários onde os nós participam. Quanto mais encaminhadores são inseridos, maior o consumo energético.

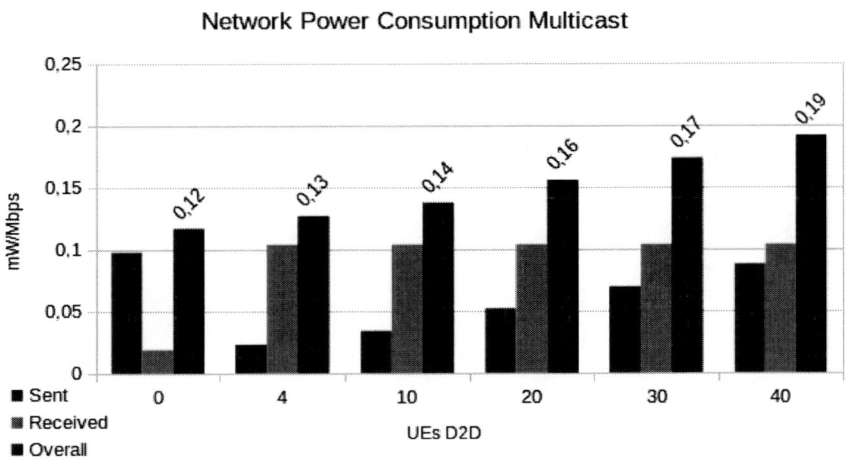

Figura 5.4: Consumo energético da rede no experimento multicast.

5.2.2 Experimento: TCP

No experimento denominado TCP, temos uma aplicação TCP, que abre uma conexão de um nó para a estação base, envia um dado número de bytes e em seguida encerra essa conexão. A velocidade de mobilidade utilizada foi de 2 m/s, como já mencionado na Tabela 5.3. Em todos os cenários deste caso, há 80 nós – 40 do tipo Tx e 40 do tipo Rx –, variando apenas a quantidade de encaminhadores: 0, 4, 10, 20, 30 e 40.

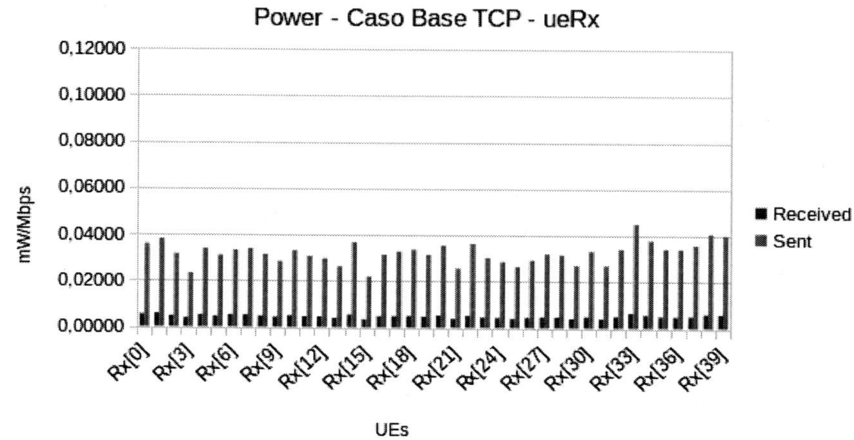

Figura 5.5: Consumo energético dos UEs Rx no experimento TCP.

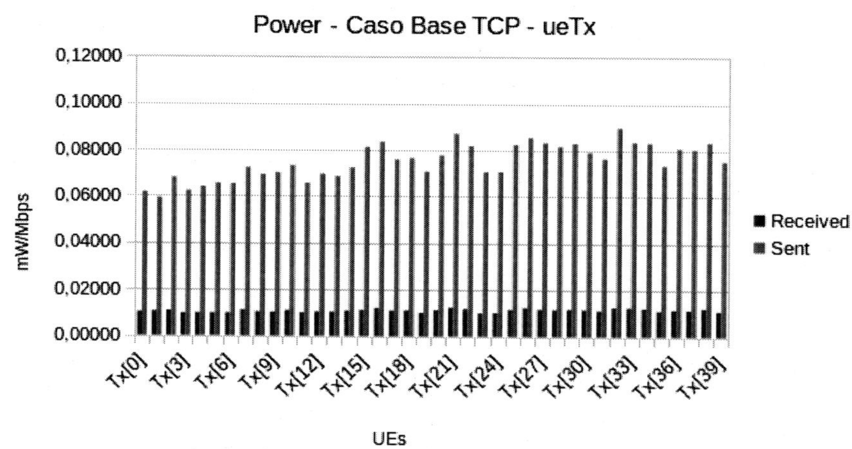

Figura 5.6: Consumo energético dos UEs Tx no experimento TCP.

O caso base deste experimento pode ser verificado na Figura 5.5, que demonstra o consumo dos nós Rx e na Figura 5.6, que apresenta os nós Tx.

Analisando os nós Tx, podemos perceber nas Figuras 5.7, 5.8, 5.9,

5.10 e 5.11, que o nó que obteve o maior consumo energético está sempre no grupo de encaminhadores. É possível perceber também que o consumo energético para a maioria dos nós encaminhadores é ligeiramente maior que para os demais. Repare que nestas figuras, assim como nas demais que contêm diferentes quantidades de encaminhadores, os nós encaminhadores são indicados no título do gráfico. Os encaminhadores serão identificados sempre de 0 até $n-1$, sendo n a quantidade de encaminhadores naquele cenário.

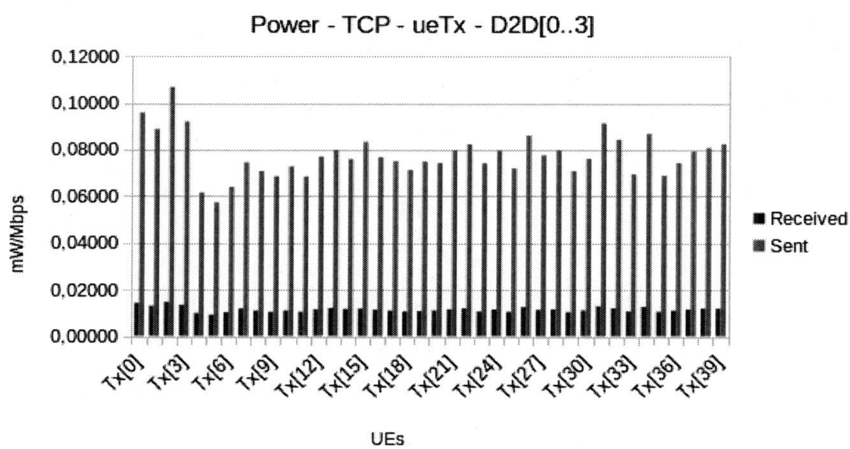

Figura 5.7: Consumo energético dos UEs Tx no experimento TCP com 4 encaminhadores.

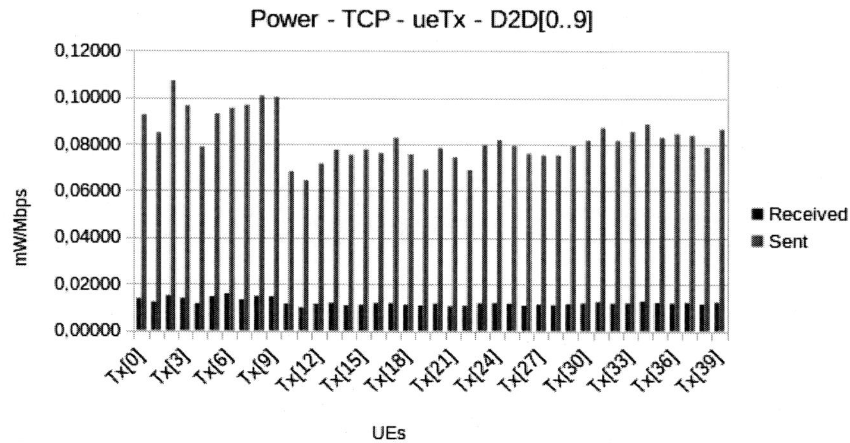

Figura 5.8: Consumo energético dos UEs Tx no experimento TCP com 10 encaminhadores.

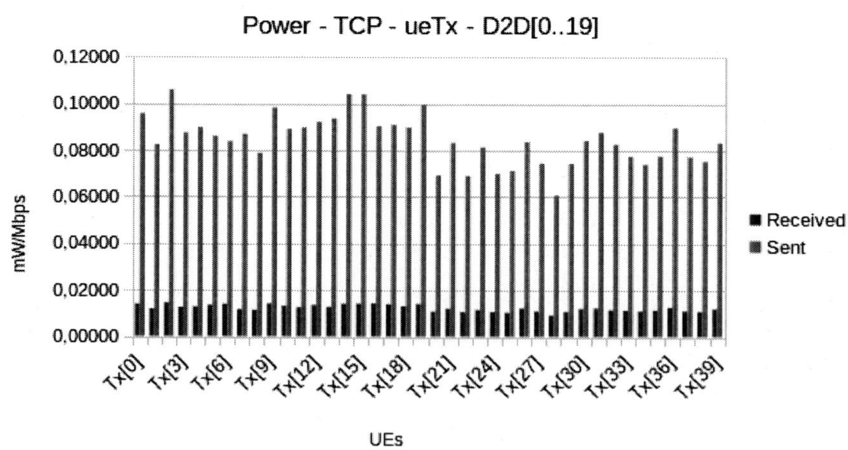

Figura 5.9: Consumo energético dos UEs Tx no Experimento TCP com 20 encaminhadores.

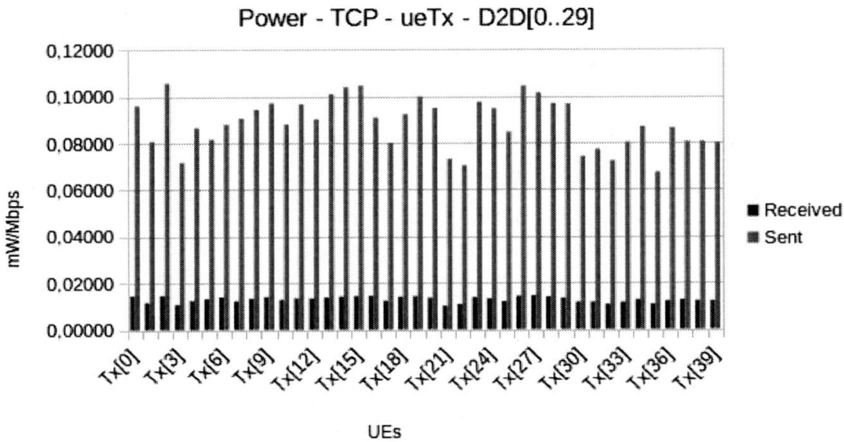

Figura 5.10: Consumo energético dos UEs Tx no experimento TCP com 30 encaminhadores.

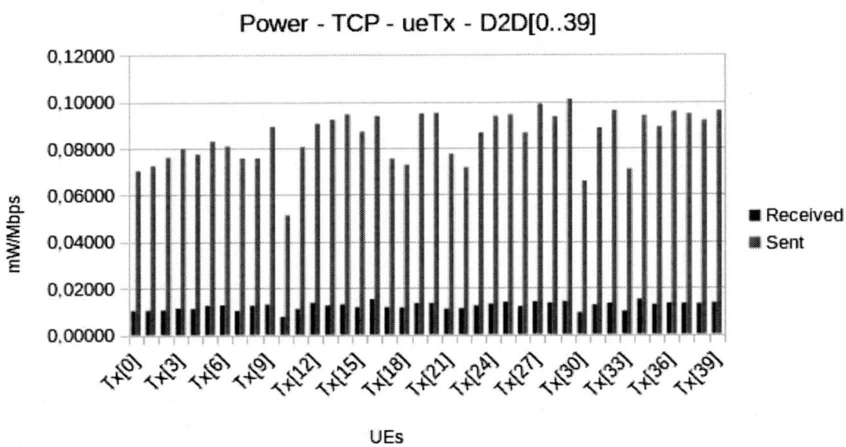

Figura 5.11: Consumo energético dos UEs Tx no experimento TCP com 40 encaminhadores.

As Figuras 5.12, 5.13, 5.14, 5.15 e 5.16 mostram o consumo energético dos nós Rx, nas quais os comportamentos são ligeiramente diferentes.

Aqui também percebemos que há um aumento do consumo energético pelos nós que encaminham dados para outros nós, no entanto, em 2 cenários podemos notar os menores consumos energéticos do cenário em nós Rx, sendo: cenário com 4 encaminhadores, no qual o nó Rx[1] foi o que obteve o menor consumo; e cenário com 10 encaminhadores, no qual o nó que menos consumiu energia foi o Rx[9].

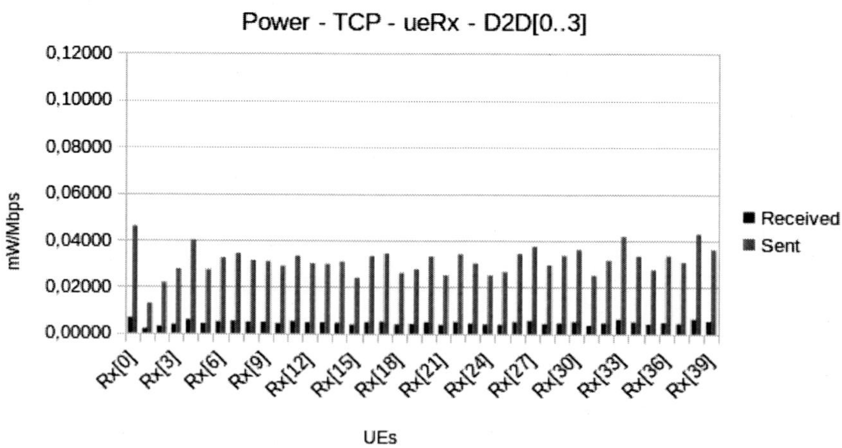

Figura 5.12: Consumo energético dos UEs Rx no experimento TCP com 4 encaminhadores.

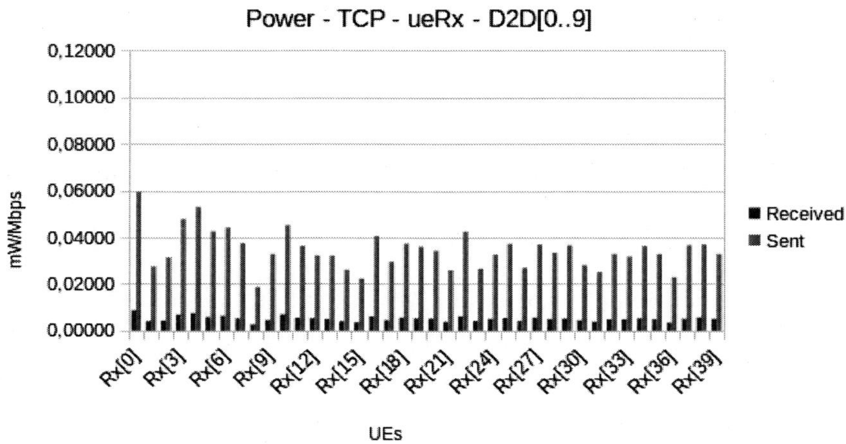

Figura 5.13: Consumo energético dos UEs Rx no experimento TCP com 10 encaminhadores.

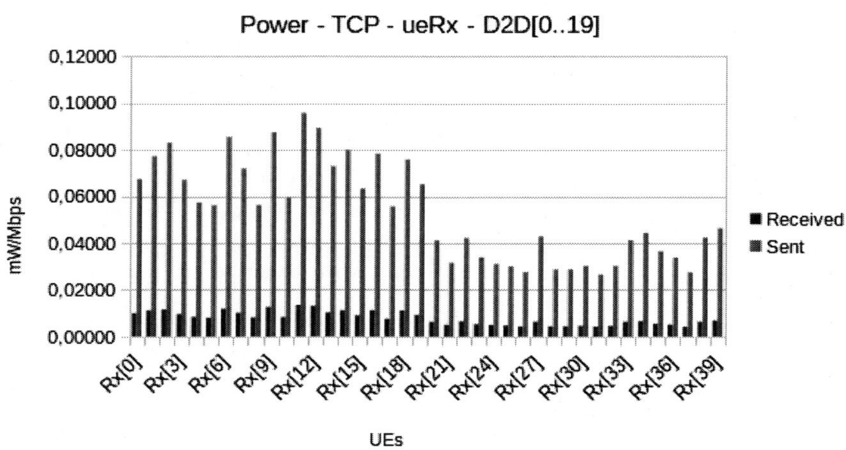

Figura 5.14: Consumo energético dos UEs Rx no experimento TCP com 20 encaminhadores.

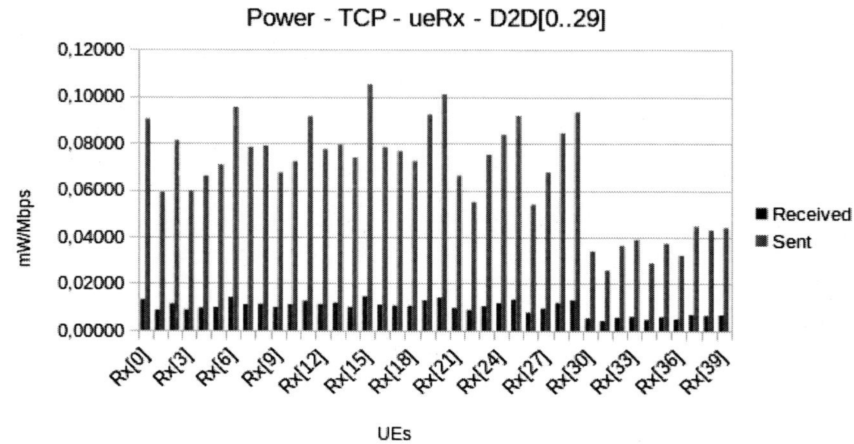

Figura 5.15: Consumo energético dos UEs Rx no experimento TCP com 30 encaminhadores.

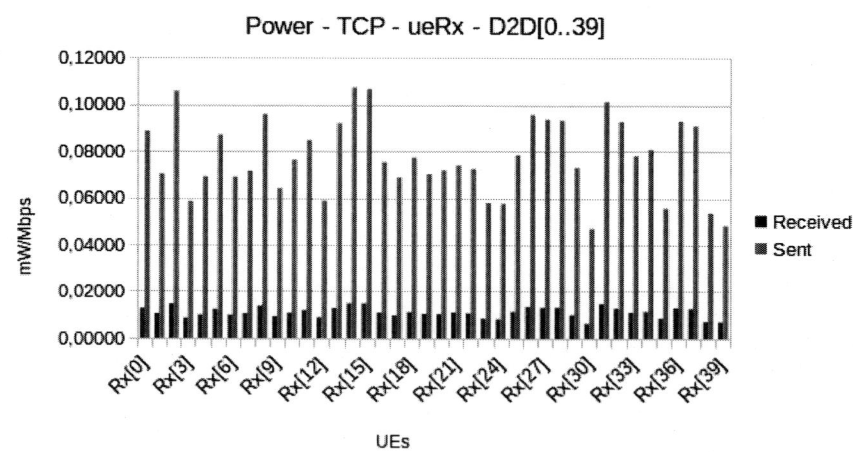

Figura 5.16: Consumo energético dos UEs Rx no experimento TCP com 40 encaminhadores.

Desta forma, é possível afirmar que no Experimento TCP há nós que participam do encaminhamento que, eventualmente, possuem consumo energético menor do que outros que não participam. No entanto, o consumo total da rede – considerando apenas os nós, mas não a estação base – nos cenários que há encaminhamento é sempre maior do que no caso base, onde não há. Conforme se aumenta o número de encaminhadores, o consumo energético também cresce junto. A Figura 5.17 mostra a soma de energia consumida para envio e recepção tanto dos nós Rx quanto Tx em cada cenário. Na cor vinho e com a descrição numérica, é mostrada ainda a quantidade total de energia consumida no cenário.

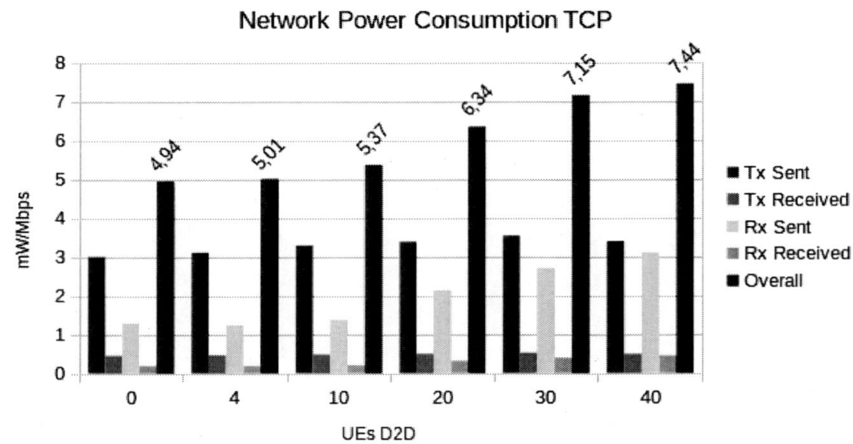

Figura 5.17: Consumo energético total da rede e dos UEs Rx e Tx no Experimento TCP para cada Cenário.

5.2.3 Experimento: UDP VoIP 2 m/s

Para simular um caso no qual pessoas se comunicam por chamada telefônica através da Internet, simulamos *streaming* de voz por meio da aplicação VoIP padrão do OMNeT++ [61]. A velocidade de mobilidade utilizada neste primeiro experimento foi de 2 m/s (metros por segundo), que segundo Mammeri [62] é compatível à velocidade de uma pessoa caminhando. Em seguida, testaremos o comportamento desta aplicação com diferentes velocidades de mobilidade. Alteraremos para 1 e 5 m/s, nos dois próximos experimentos, respectivamente. Em todos os cenários deste experimento e dos próximos dois com VoIP, há 80 nós, variando a quantidade de encaminhadores em cada um dos 6 cenários: 0, 4, 10, 20, 30 e 40.

As Figuras 5.18 e 5.19 demonstram os gráficos do caso base deste experimento. O caso base é aquele com 0 nós encaminhadores, em que não há nenhum tipo de comunicação D2D, foi o que a rede mais consumiu energia total. Os experimentos possuem nós do tipo Tx, que encaminham a comunicação D2D da estação base para nós do tipo Rx e dos nós Rx para estação base. A origem da comunicação parte sempre de um nó Tx para um Rx, passando pela estação base e eventualmente, pelos encaminhadores. Para os nós do tipo Tx podemos notar uma pequena diferença de consumo energético, sendo que todos se situam entre 0,07 e 0,08 mW/Mbps para envio e entre 0,01 e 0,015 para recepção. Já entre os nós Rx não há tal linearidade na energia consumida para envio, que varia de 0,002 a 0,0053 mW/Mbps. Já com a energia gasta para recepção a variação é menor e fica entre 0,0002 a 0,0006 mW/Mbps.

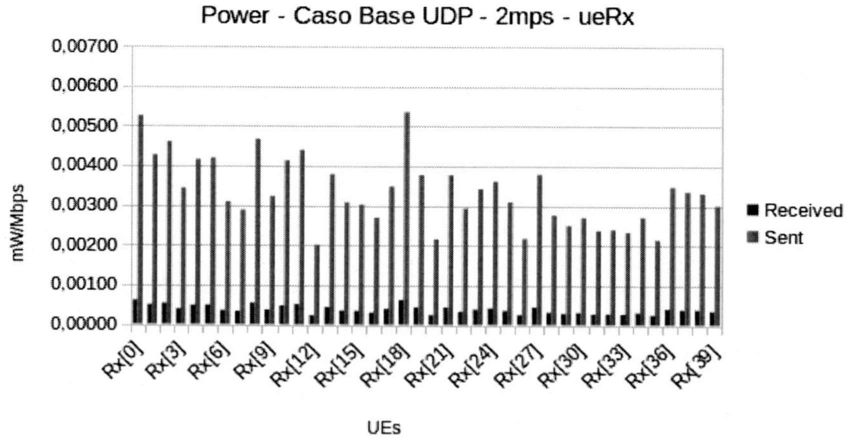

Figura 5.18: Consumo energético dos UEs Rx no experimento UDP 2 m/s.

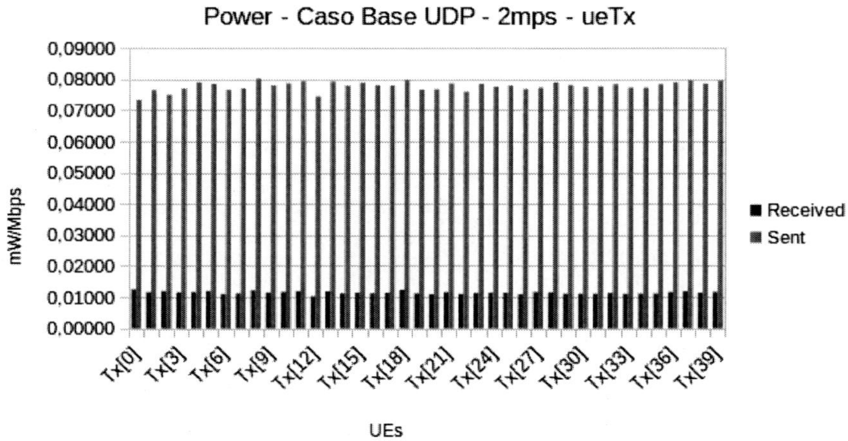

Figura 5.19: Consumo enerégtico dos UEs Tx no experimento UDP 2 m/s.

As Figuras 5.20 e 5.21 mostram os gráficos resultantes do experimento com 10 nós Tx, encaminhadores, e 10 nós Rx. Nestes gráficos destacamos na linha lilás horizontal a média de envio do caso base para cada um dos cenários. Este cenário foi o que a rede mais consumiu energia total. Para os nós do tipo Tx podemos notar uma pequena diferença de consumo energético, sendo que todos se situam entre 0,07 e 0,08 mW/Mbps para envio e entre 0,01 e 0,015 para recepção. Já entre os nós Rx não há tal linearidade na energia consumida para envio, que varia de 0,002 a 0,0053 mW/Mbps. Já com a energia gasta para recepção a variação é menor e fica entre 0,0002 a 0,0006 mW/Mbps.

Analisando os demais cenários com encaminhamento, podemos verificar uma redução no consumo energético da rede, em relação ao caso base. É possível perceber que o Cenário com 30 encaminhadores é o que atinge os menores valores de consumo de energia, mas não conseguimos identificar um padrão de evolução entre os cenários.

As Figuras 5.22, 5.23, 5.24, 5.25 e 5.26 apresentam o consumo energético dos nós do tipo Tx em cada cenário, enquanto as Figuras 5.27, 5.28, 5.29, 5.30 e 5.31 apresentam o consumo dos nós Rx.

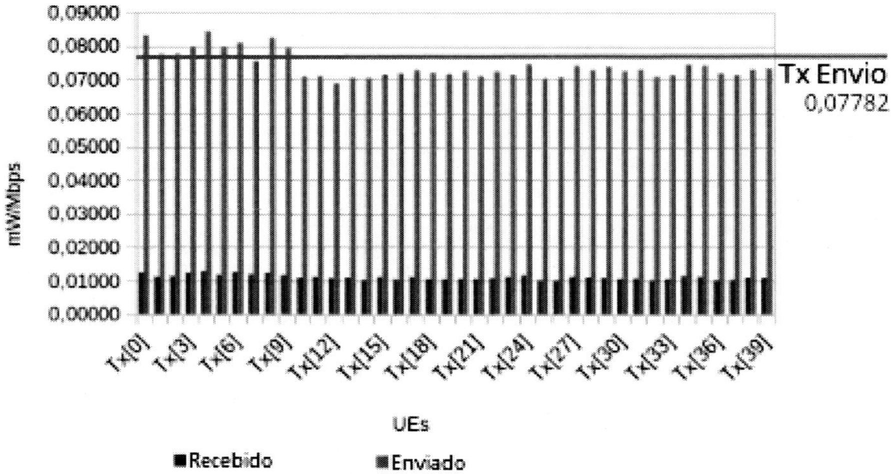

Figura 5.20: Consumo dos UEs Tx no experimento UDP 2 m/s com 10 encaminhadores.

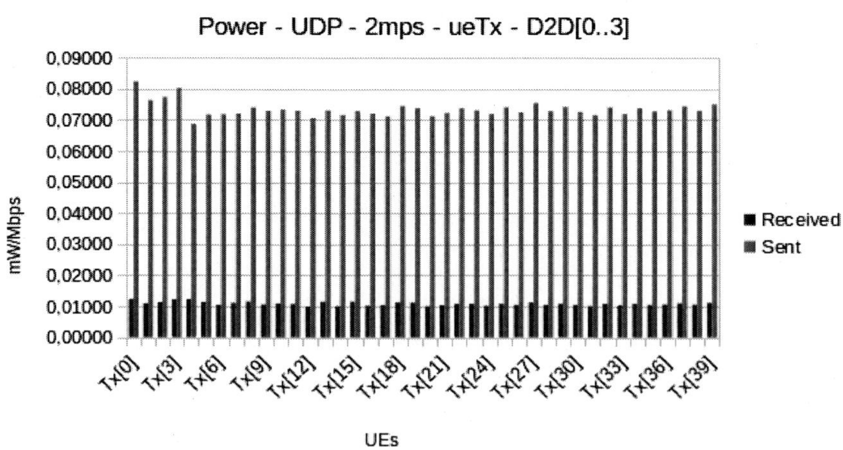

Figura 5.22: Consumo energético dos UEs Tx no experimento UDP 2 m/s com 4 encaminhadores.

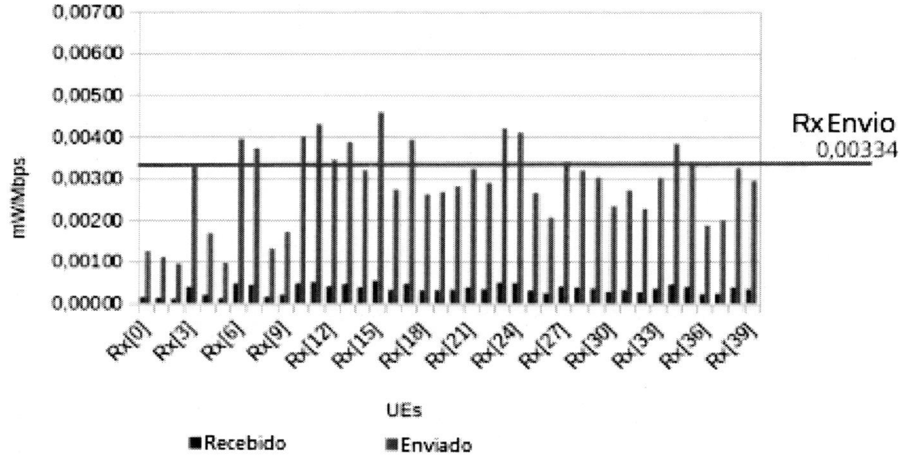

Figura 5.21: Consumo dos UEs Rx no experimento UDP 2 m/s com 10 encaminhadores.

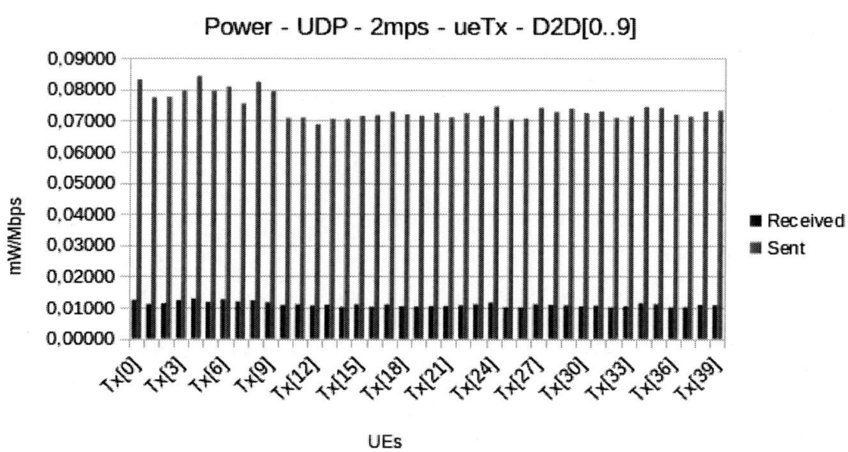

Figura 5.23: Consumo energético dos UEs Tx no experimento UDP 2 m/s com 10 encaminhadores.

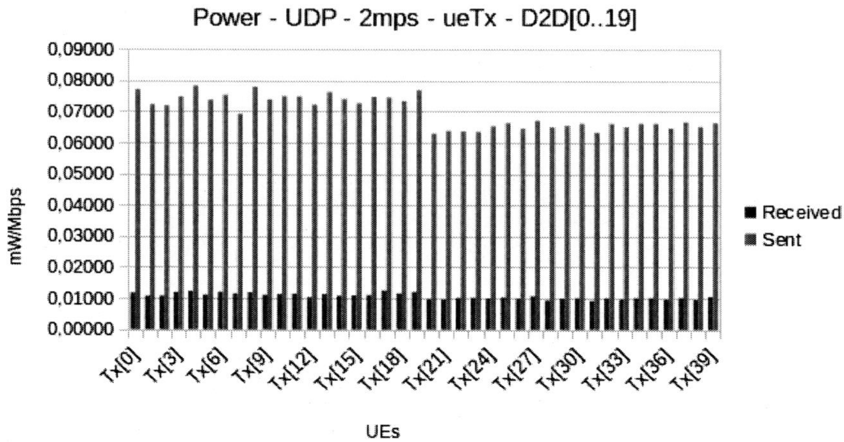

Figura 5.24: Consumo energético dos UEs Tx no experimento UDP 2 m/s com 20 encaminhadores.

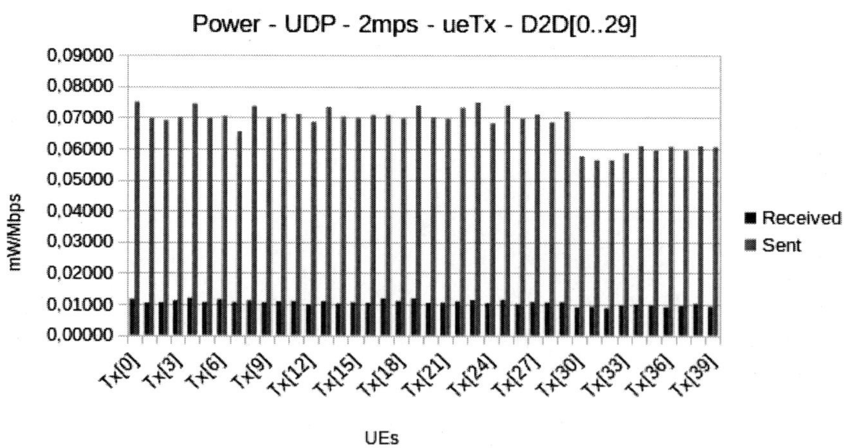

Figura 5.25: Consumo energético dos UEs Tx no experimento UDP 2 m/s com 30 encaminhadores.

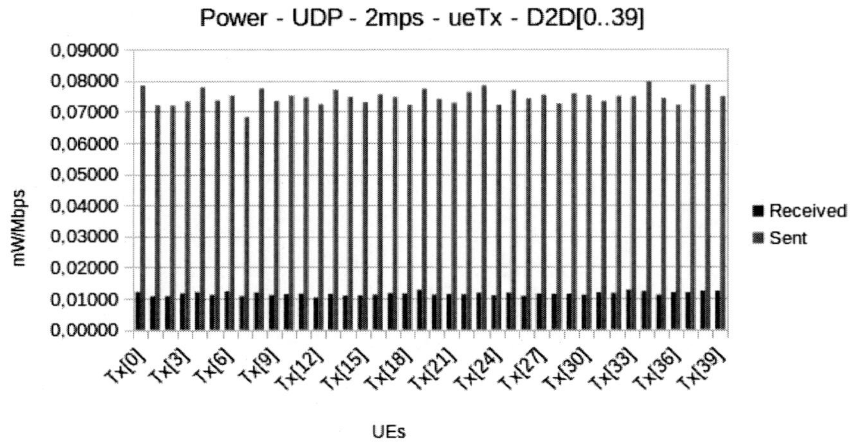

Figura 5.26: Consumo energético dos UEs Tx no experimento UDP 2 m/s com 40 encaminhadores.

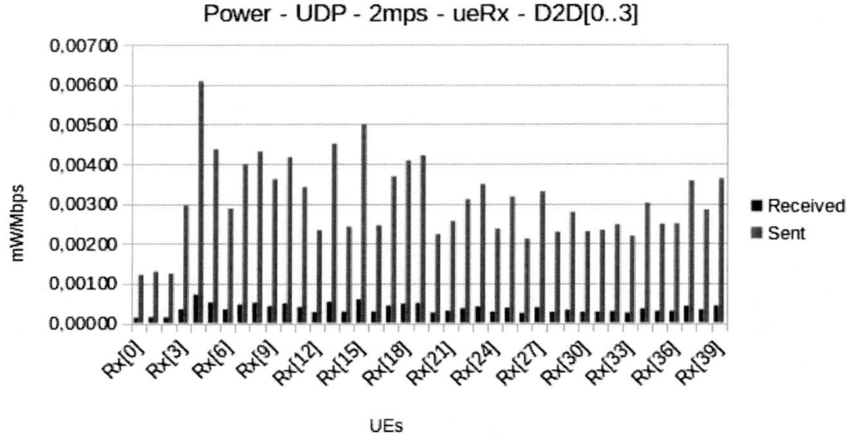

Figura 5.27: Consumo energético dos UEs Rx no experimento UDP 2 m/s com 4 encaminhadores.

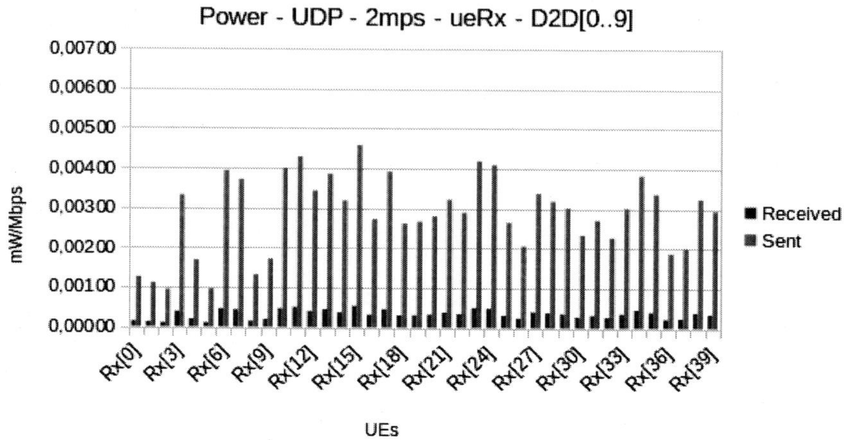

Figura 5.28: Consumo energético dos UEs Rx no experimento UDP 2 m/s com 10 encaminhadores.

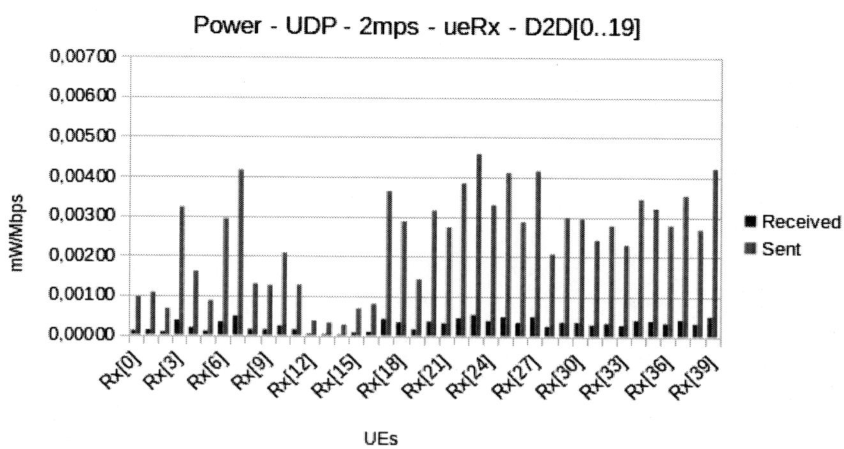

Figura 5.29: Consumo energético dos UEs Rx no experimento UDP 2 m/s com 20 encaminhadores.

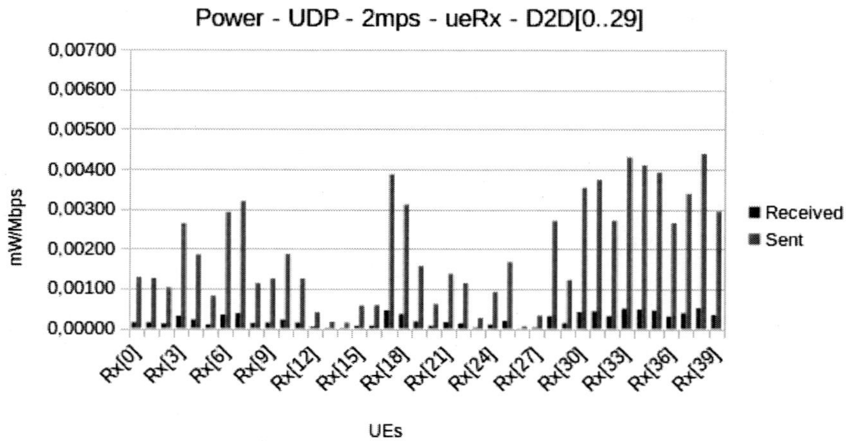

Figura 5.30: Consumo energético dos UEs Rx no experimento UDP 2 m/s com 30 encaminhadores.

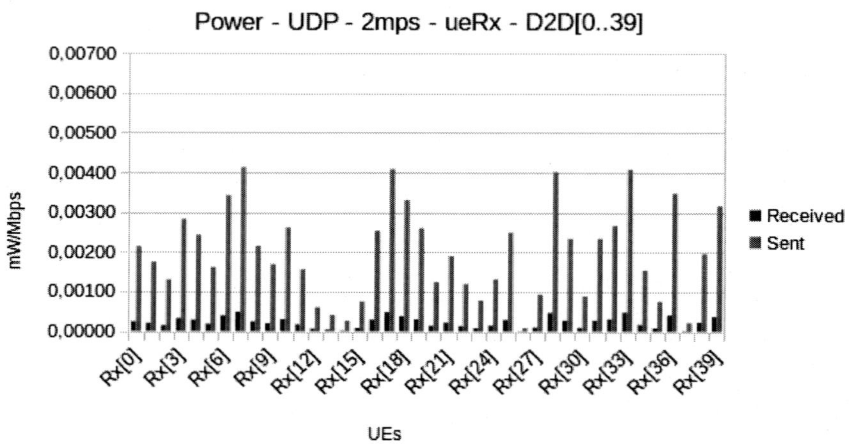

Figura 5.31: Consumo energético dos UEs Rx no experimento UDP 2 m/s com 40 encaminhadores.

Se analisarmos a Figura 5.32 que demonstra a soma da energia consumida por transmissão e recepção para todos os nós do tipo Rx e Tx, constatamos que o caso base só não foi superior para recepção nos nós Tx, pois no cenário com 80 nós a soma da energia consumida pelos nós Tx para recepção foi 0,003 mW/Mbps superior. No entanto, em relação ao consumo total da rede o caso base foi o que mais consumiu e superou todos os cenários.

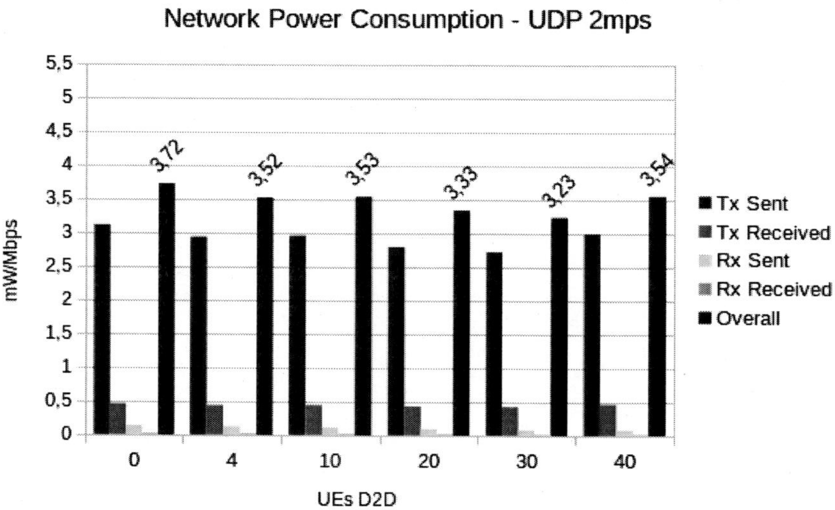

Figura 5.32: Consumo energético total da rede e dos UEs Rx e Tx no experimento UDP 2 m/s para cada cenário.

5.2.4 Experimento: UDP VoIP 1 m/s

Neste experimento, que chamamos de UDP VoIP 1 m/s, todas as configurações de cenário se assemelham às do experimento anterior, exceto pela velocidade de mobilidade utilizada, que agora foi alterada para 1 m/s. Resolvemos executar este experimento com menor velocidade, para simular uma pessoa que anda de forma mais lenta, como em um passeio, observando paisagens ou vitrines.

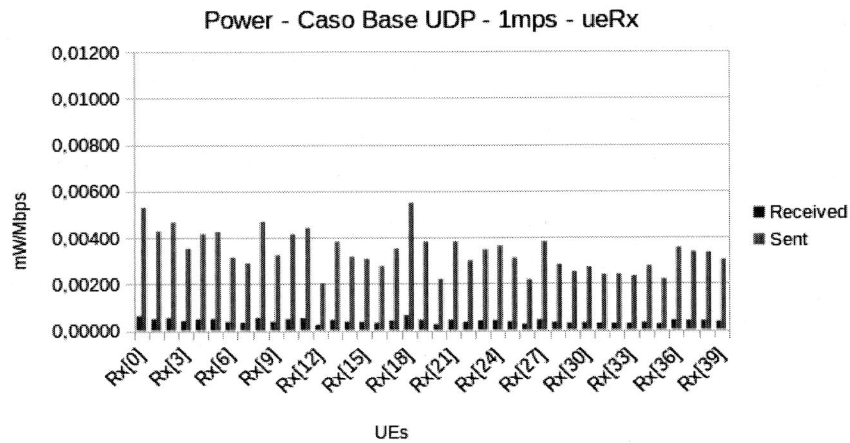

Figura 5.33: Consumo energético dos UEs Rx no experimento UDP 1 m/s.

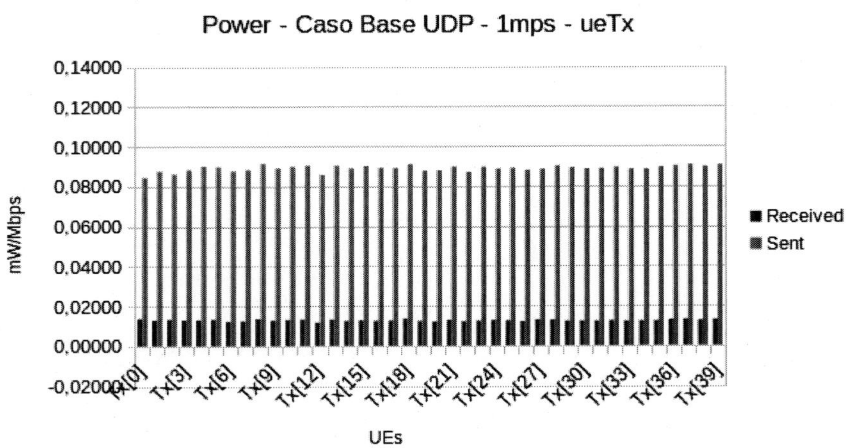

Figura 5.34: Consumo energético dos UEs Tx no experimento UDP 1 m/s.

Em seus casos base, tanto os nós tipo Tx (Figura 5.33) quanto os nós tipo Rx (Figura 5.34) apresentaram pequenas variações de consumo entre si. No entanto, quando inserimos os nós encaminhadores, percebemos dois comportamentos diferentes: 1. aumenta-se o consumo dos nós Tx que participam dos encaminhamentos; e 2. reduz-se o consumo da maioria dos nós Rx que participam dos encaminhamentos. Para visualizar os comportamentos citados, verifique as Figuras 5.35 a 5.39 para os nós do tipo Tx e as Figuras 5.40 a 5.44 para os de tipo Rx.

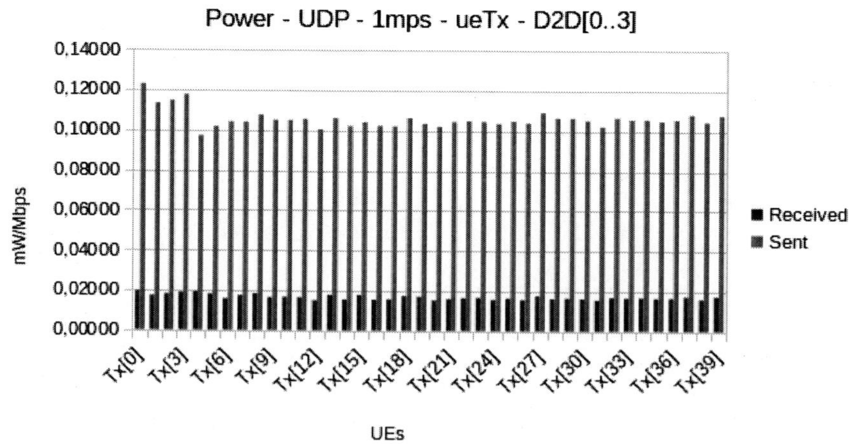

Figura 5.35: Consumo energético dos UEs Tx no experimento UDP 1 m/s com 4 encaminhadores.

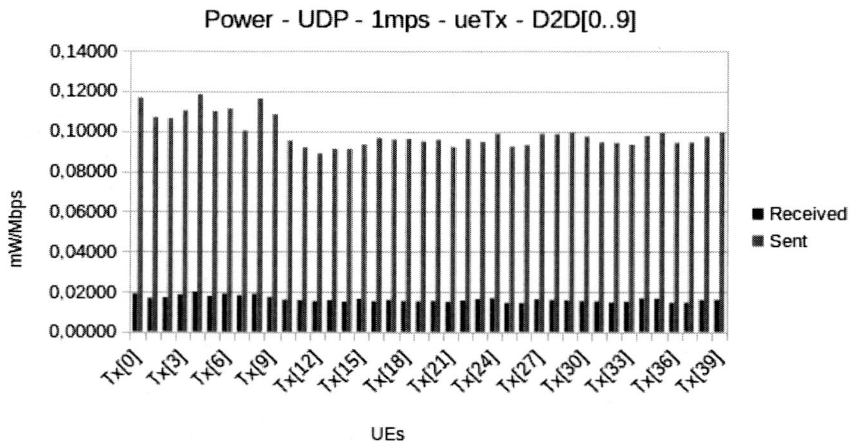

Figura 5.36: Consumo energético dos UEs Tx no experimento UDP 1 m/s com 10 encaminhadores.

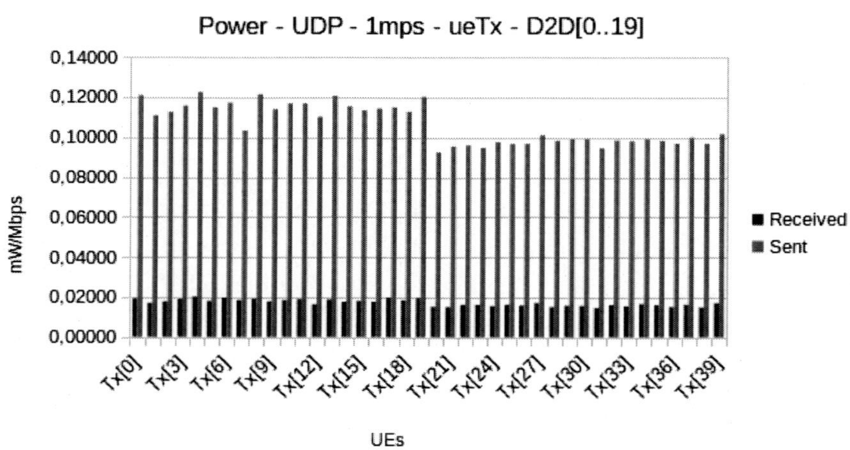

Figura 5.37: Consumo energético dos UEs Tx no experimento UDP 1 m/s com 20 encaminhadores.

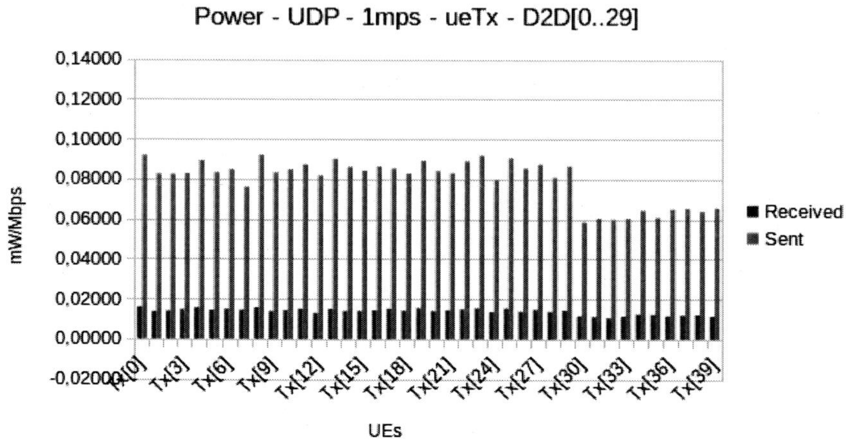

Figura 5.38: Consumo energético dos UEs Tx no experimento UDP 1 m/s com 30 encaminhadores.

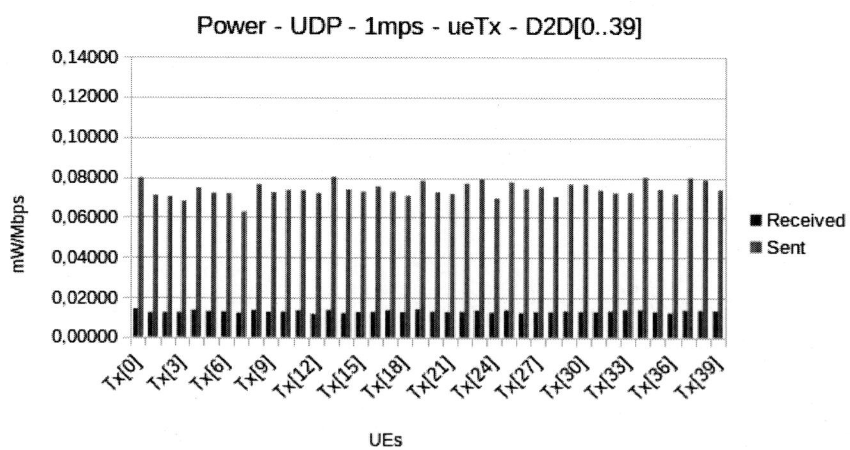

Figura 5.39: Consumo energético dos UEs Tx no experimento UDP 1 m/s com 40 encaminhadores.

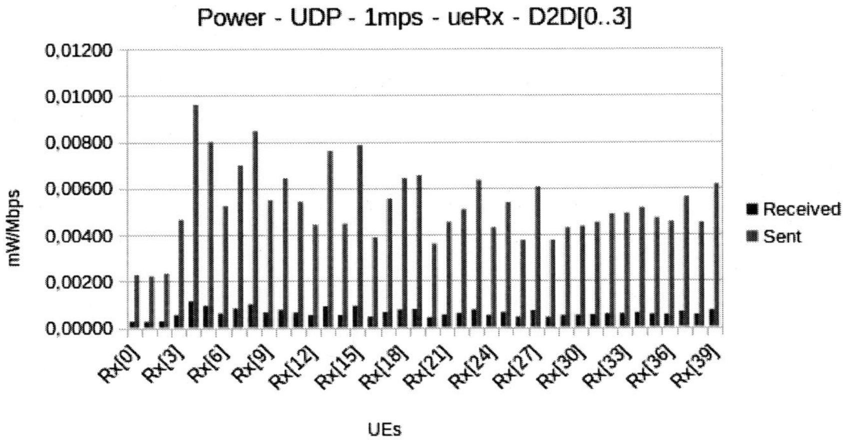

Figura 5.40: Consumo energético dos UEs Rx no experimento UDP 1 m/s com 4 encaminhadores.

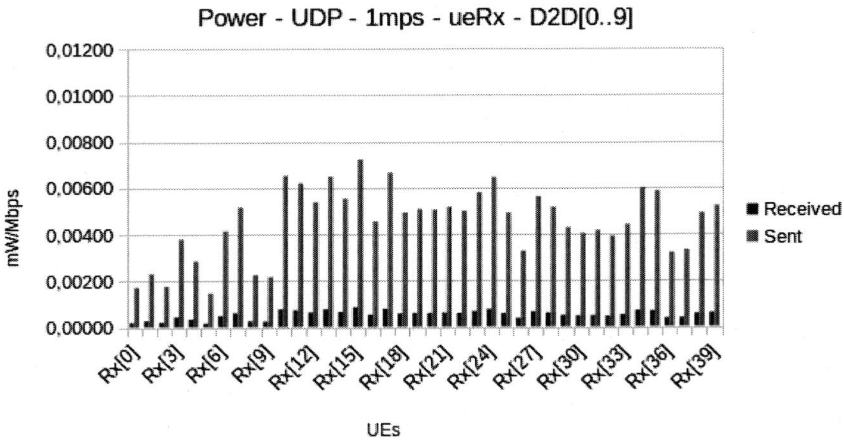

Figura 5.41: Consumo energético dos UEs Rx no experimento UDP 1 m/s com 10 encaminhadores.

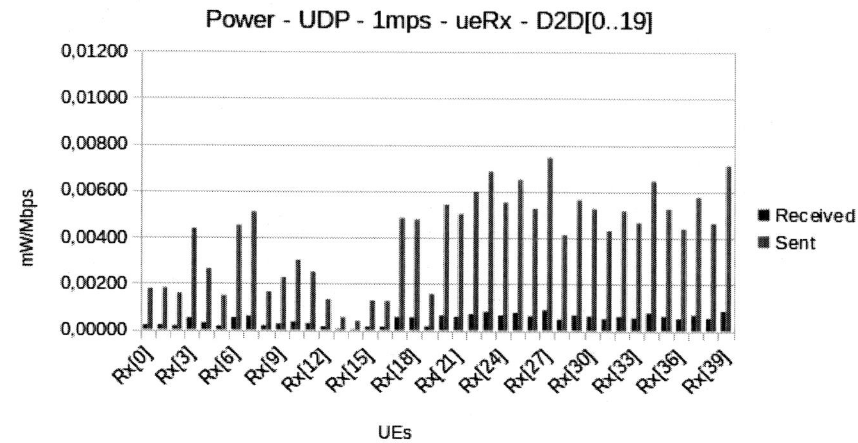

Figura 5.42: Consumo energético dos UEs Rx no experimento UDP 1 m/s com 20 encaminhadores.

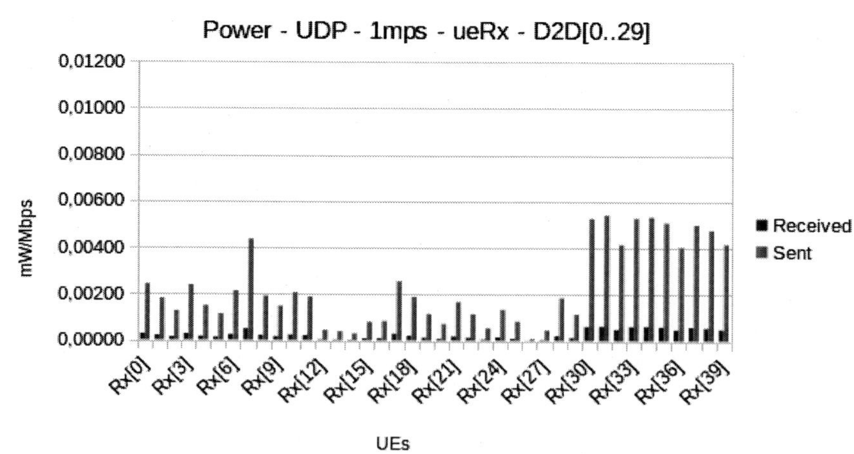

Figura 5.43: Consumo energético dos UEs Rx no experimento UDP 1 m/s com 30 encaminhadores.

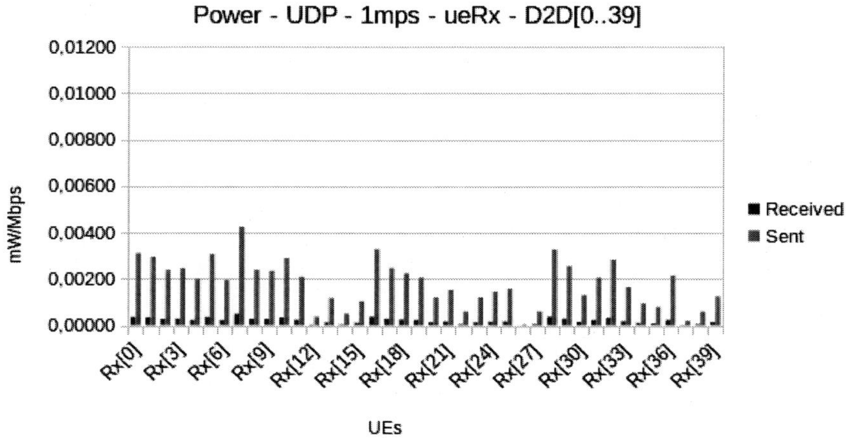

Figura 5.44: Consumo energético dos UEs Rx no experimento UDP 1 m/s com 40 encaminhadores.

Na Figura 5.45 podemos ver o gráfico de consumo energético da rede para este experimento. Diferente do experimento com 2 m/s de velocidade de mobilidade, neste o cenário que menos consumiu energia foi o com 40 nós encaminhando. Os maiores consumos foram constatados nos cenários com 10 e 30 encaminhadores, que se posicionaram como pontos de convergência. Foram o pico de consumo e após eles, o consumo só caiu.

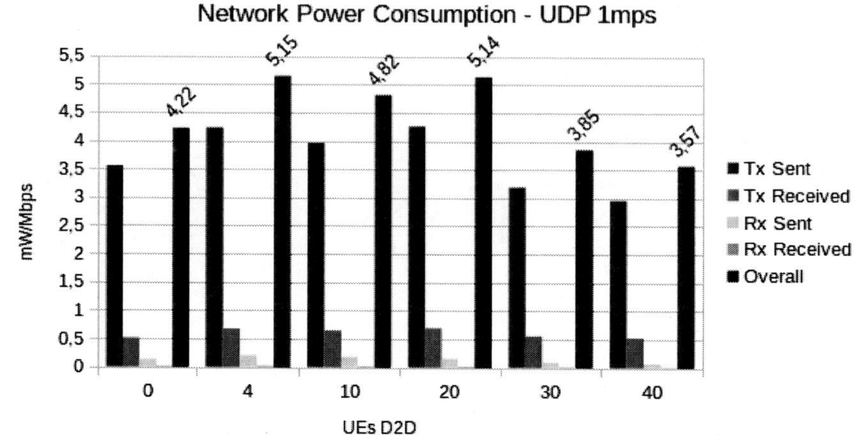

Figura 5.45: Consumo energético total da rede e dos UEs Rx e Tx no experimento UDP 1 m/s para cada cenário.

5.2.5 Experimento: UDP VoIP 5 m/s

Tendo verificado os resultados de mobilidade em velocidades de caminhada de 1 e 2 m/s, optamos por alterar a velocidade de mobilidade para 5 m/s. Assim, podemos perceber como a mesma comunicação se comportaria em uma situação em que pessoas portando seus UEs estivessem realizando uma leve corrida.

No caso base deste cenário os nós Rx destoam um pouco mais do que no anterior. Na Figura 5.46, os Nós de [0] a [11] registram um consumo mais alto do que a maioria dos restantes. Já os nós Tx (Figura 5.47), como no experimento anterior, têm um alto consumo energético, mas com uma pequena variação, entre 0,07 a 0,08 mW/Mbps.

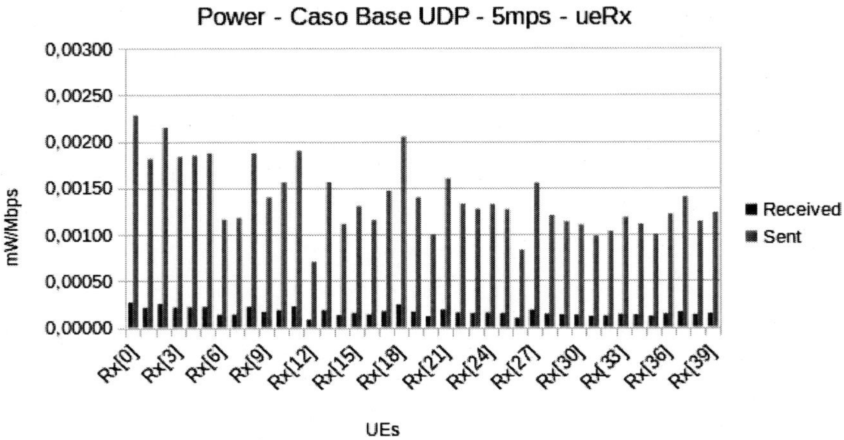

Figura 5.46: Consumo energético dos UEs Rx no experimento UDP 5 m/s.

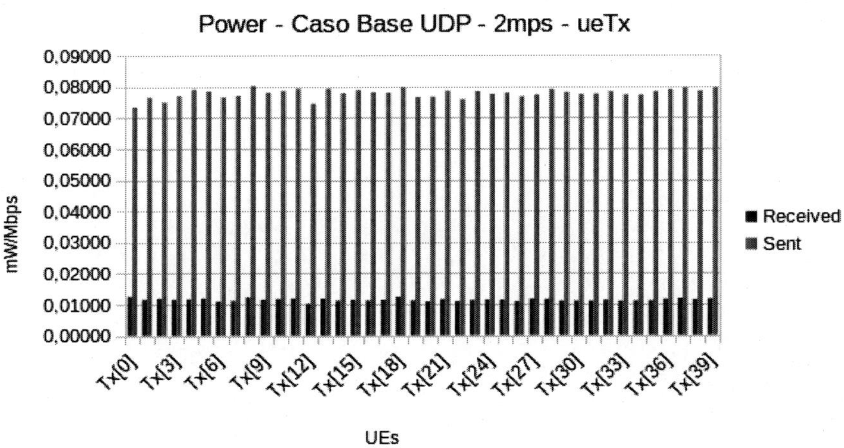

Figura 5.47: Consumo energético dos UEs Tx no experimento UDP 5 m/s.

Analisando os nós do tipo Rx e Tx ao longo dos cenários, acontece algo semelhante ao do experimento anterior: podemos perceber redução do consumo entre a maioria dos nós Rx que participam do encaminhamento e aumento do consumo nos Tx. Os gráficos resultantes dos nós Tx podem ser vistos nas Figuras 5.48 a 5.52 e os dos nós Rx podem ser encontrados nas Figuras 5.53 a 5.57.

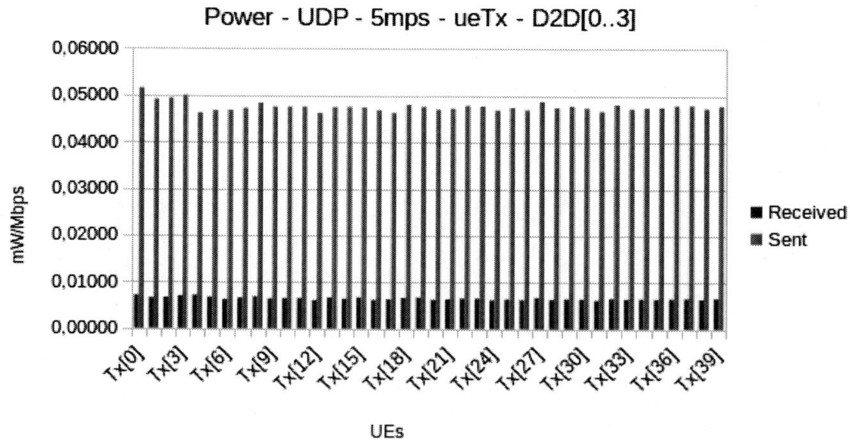

Figura 5.48: Consumo energético dos UEs Tx no experimento UDP 5 m/s com 4 encaminhadores.

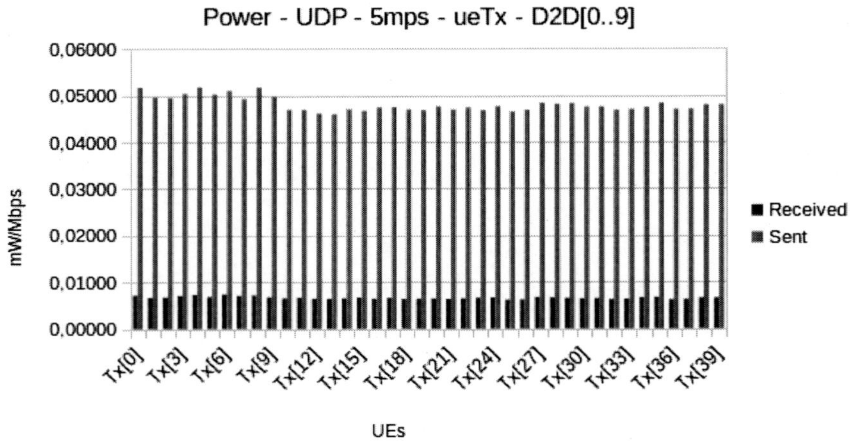

Figura 5.49: Consumo energético dos UEs Tx no experimento UDP 5 m/s com 10 encaminhadores.

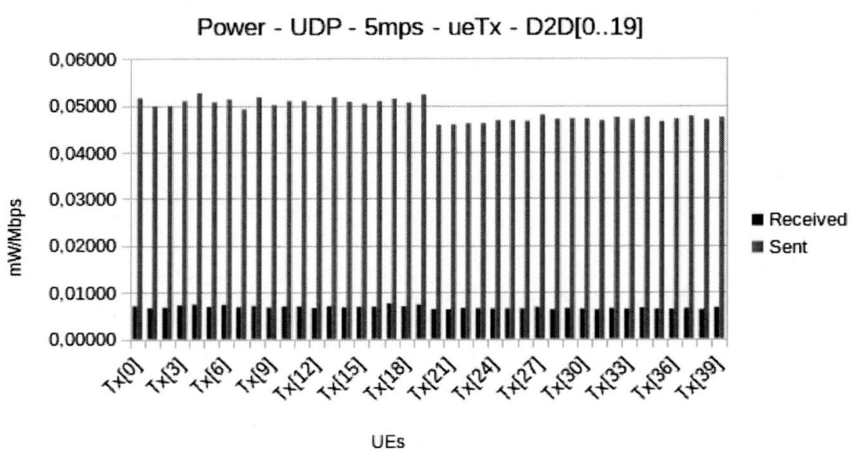

Figura 5.50: Consumo energético dos UEs Tx no experimento UDP 5 m/s com 20 encaminhadores.

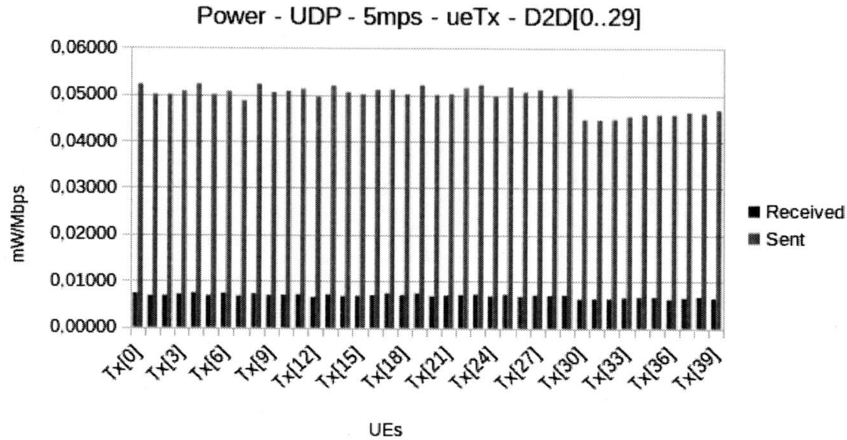

Figura 5.51: Consumo energético dos UEs Tx no experimento UDP 5 m/s com 30 encaminhadores.

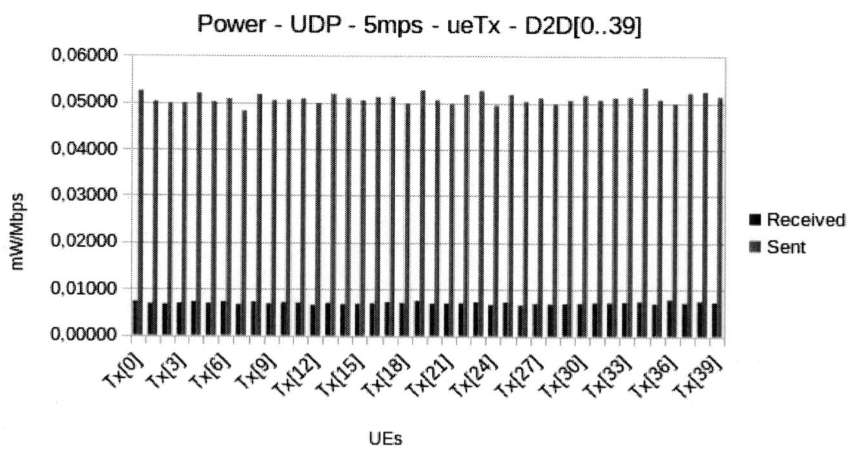

Figura 5.52: Consumo energético dos UEs Tx no experimento UDP 5 m/s com 40 encaminhadores.

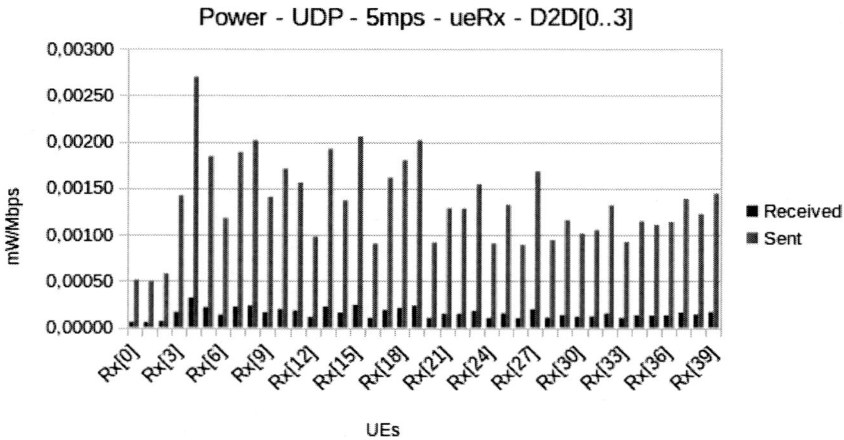

Figura 5.53: Consumo energético dos UEs Rx no experimento UDP 5 m/s com 4 encaminhadores.

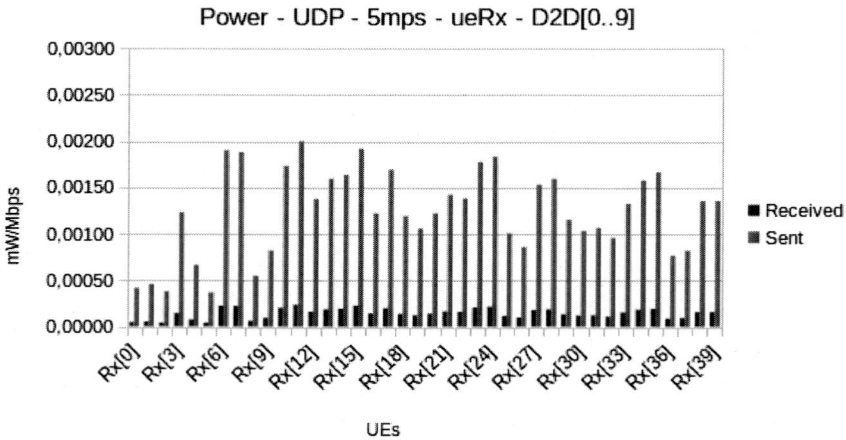

Figura 5.54: Consumo energético dos UEs Rx no experimento UDP 5 m/s com 10 encaminhadores.

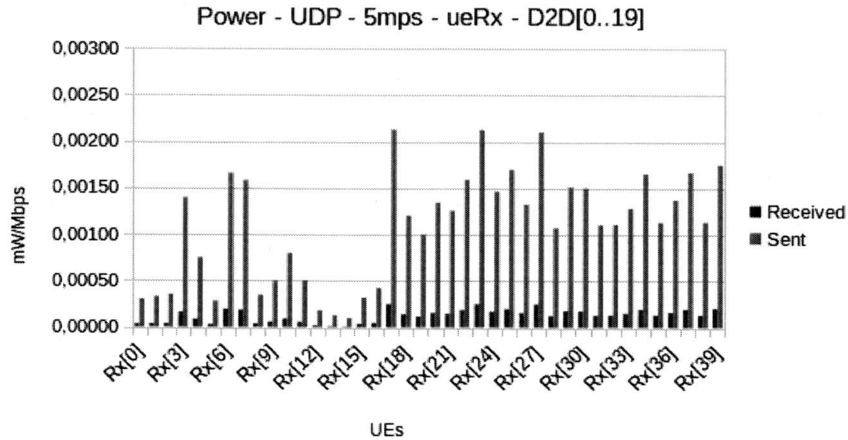

Figura 5.55: Consumo energético dos UEs Rx no experimento UDP 5 m/s com 20 encaminhadores.

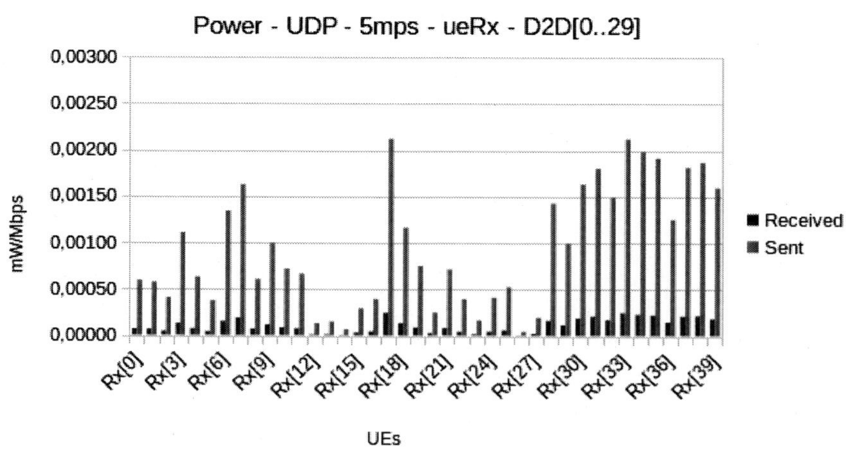

Figura 5.56: Consumo energético dos UEs Rx no experimento UDP 5 m/s com 30 encaminhadores.

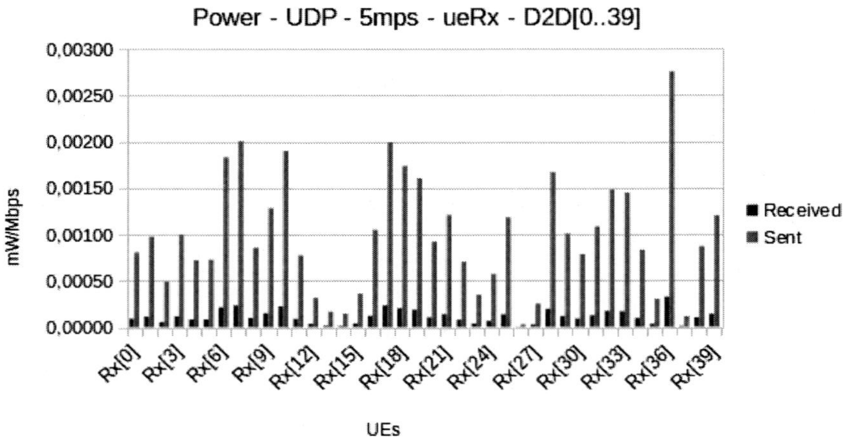

Figura 5.57: Consumo energético dos UEs Rx no experimento UDP 5 m/s com 40 encaminhadores.

No gráfico apresentado à seguir, as barras azuis, à estrema esquerda, se referem ao consumo de envio dos nós Tx, que podem encaminhar comunicação; as barras em laranjado (à direta das barras azuis) trazem o consumo de recepção destes mesmos nós. Já as cores amarelo e verde (seguindo o fluxo de barras da esquerda para direita) se referem ao consumo para envio e recepção, respectivamente, dos nós que estão habilitados a receberem comunicação encaminhada. As barras em vinho (a última à direita em cada bloco) referem-se à quantidade total de energia que foi gasta naquele cenário. O eixo X se refere aos diferentes cenários, com 0, 4, 10, 20, 30 e 40 encaminhadores, e o eixo Y se refere à quantidade de energia consumida, conforme a modelagem já apresentada.

Considerando a Figura 5.58, que apresenta o gráfico de consumo total da rede nos cenários deste experimento, verificamos que novamente o maior consumo é do cenário sem encaminhamento. No entanto, agora a diferença total de consumo entre os cenários com encaminhamento foi sensivelmente pequena, de apenas 0,14 mW/Mbps. Desta vez o cenário com menor consumo energético foi o que possuía 4 encaminhadores.

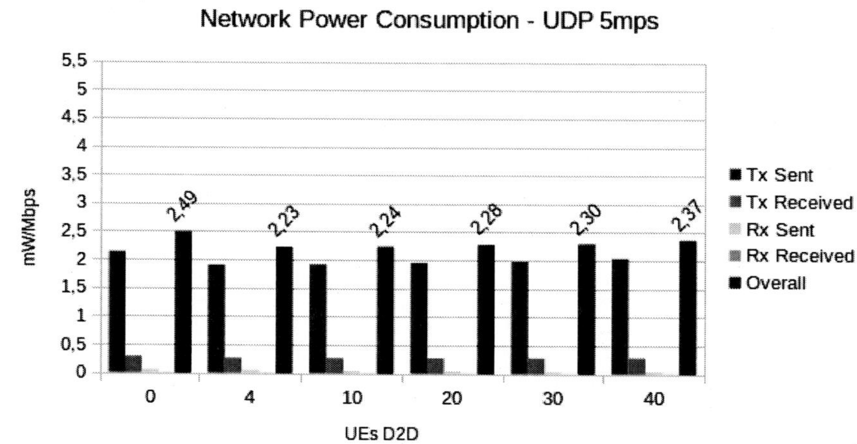

Figura 5.58: Consumo energético total da rede e dos UEs Rx e Tx no experimento UDP 5 m/s para cada cenário.

5.2.6 Comparação entre os experimentos UDP com diferente mobilidade

Façamos agora uma comparação utilizando os experimentos que rodaram uma aplicação VoIP sob protocolo UDP. Uma vez que estes experimentos têm configurações de rede e de variações de quantidade de encaminhadores semelhantes, diferenciando entre si apenas a velocidade de mobilidade de 1, 2 e 5 m/s, utilizaremos essa variança para realizar uma comparação entre eles. Para cada cenário com uma das variações de velocidade, variamos também a quantidade de encaminhadores em 100, 75, 50, 25 e 10% e, mais uma variação, sem nenhum encaminhador.

A Figura 5.59 traz o gráfico comparativo das variações de velocidade de 1, 2 e 5 m/s. Analisando-o, podemos perceber que o cenário com maior velocidade de mobilidade, 5 m/s, foi o que obteve os menores consumos de energia. Nele, todos experimentos com encaminhamento obtiveram um menor consumo energético geral da rede, sendo o cenário com 4 encaminhadores o mais eficiente.

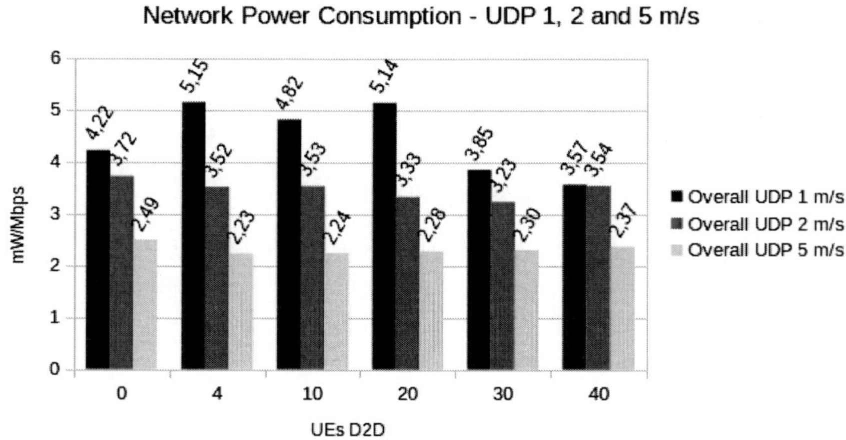

Figura 5.59: Consumo energético do experimento UDP com mobilidade de 1 a 5 m/s.

5.2.7 Comparação entre os experimentos TCP e UDP 2 m/s

Em outro cenário, utilizamos, invés de UDP, uma aplicação TCP que abre uma conexão, envia um dado número de bytes e fecha. Neste cenário a mobilidade também foi de 2 m/s. A Figura 5.60 mostra uma comparação dos resultados do experimento TCP com os resultados provenientes do Cenário UDP com mobilidade de 2 m/s, no qual percebemos que naquele ainda se obteve menores consumos energéticos.

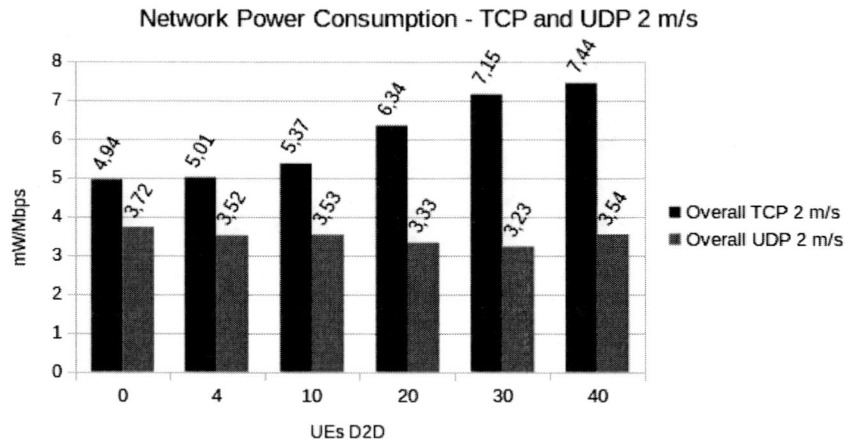

Figura 5.60: Consumo energético do experimento TCP e UDP com mobilidade de 2 m/s.

Analisando apenas o cenário com TCP, é possível enxergarmos um padrão de consumo energético diferente: quanto mais encaminhadores inserimos nos experimentos, maior o consumo total da rede. A quantidade de pacotes transmitidos tanto pelos nós Tx quanto Rx demonstram claramente este crescimento. Para os nós Rx o crescimento sofre um salto maior a partir de 20 nós habilitados em D2D.

5.2.8 Comparação entre os experimentos UDP de *Streaming* de Vídeo

Nestes experimentos, utilizamos sob o protocolo UDP a aplicação de *streaming* de vídeo padrão do OMNeT++, variando além da quantidade de encaminhadores, o tamanho dos pacotes enviados entre 256, 512 e 1024 B. O arquivo transmitido foi de tamanho 4MiB e não houve intervalo no envio. A velocidade de mobilidade foi mantida em 2 m/s para todos os casos.

Devido a limitações do simulador e dos modelos de simulação, estes experimentos de *streaming de vídeo* foram realizados com cada cenário contendo apenas os nós encaminhadores. Neste tipo de configuração o simulador sempre retornava erro ao tentar inserir nós não encaminhadores. Desta forma, foi mais interessante que realizássemos uma análise do comportamento de cada configuração de cenário nos diferentes experimentos. Para cada um dos três experimentos há um cenário com 80 nós, sem nenhum encaminhador e outros 5 cenários que contêm apenas nós encaminhadores, cada um com 4, 10, 20, 30 e 40 nós. Para visualizar de maneira mais fácil os gráficos desta seção, cada um deles se referirá a um destes cenários mencionados e o eixo X descreverá os 3 diferentes tamanhos de pacotes utilizados naquele cenário.

A Figura 5.61 apresenta o gráfico com os resultados do consumo da rede para cada um dos cenários dos experimentos de *streaming* de vídeo com tamanho dos pacotes enviados de 256, 512 e 1024 Bytes. Com exceção dos cenários com 10 e 30 nós encaminhadores, no experimento com pacotes de 512 B, nos demais casos podemos observar que o tamanho dos pacotes pouco influenciou o consumo de energia, já que os valores foram todos muito próximos.

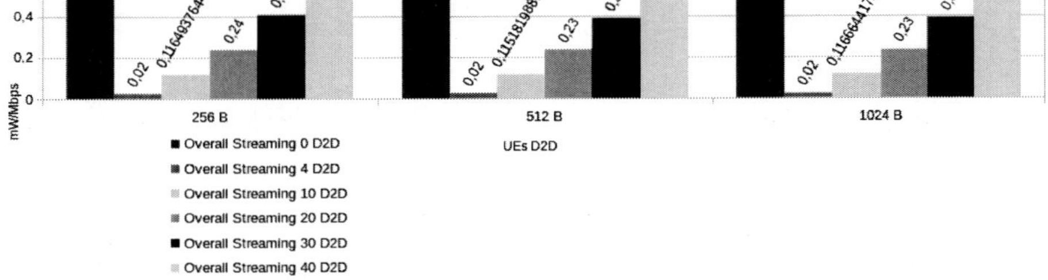

Figura 5.61: Consumo energético dos experimentos de Streaming com 0 a 40 encaminhadores.

Capítulo 6

Conclusão

Nesta pesquisa investigamos o consumo de energia da comunicação dispositivo-a-dispositivo, em redes celulares. Neste contexto pudemos perceber a 5G como uma próxima geração de telefonia que integra de maneira eficaz a comunicação D2D à comunicação de rede. E, assim, ela se posiciona como uma solução não só para telefonia móvel como para o aumento de tráfego na Internet como um todo. Foi discutido como a 5G se conectará a diversos sistemas e tecnologias e formará uma rede única com as redes fixas, não se restringindo somente aos sistemas móveis.

As principais dificuldades encontradas foram em respeito a ausência de simuladores neste contexto com funções de energia já implementadas e, depois, em implementar um módulo de energia devido a tamanha complexidade de codificar as especificidades de descarga e depleção de baterias. Esperamos que outros pesquisadores possam se inteirar destas dificuldades como experiências, partir suas pesquisas deste ponto, e evoluir um pouco mais a temática.

Realizamos uma modelagem matemática, a partir da quantidade de dados trafegados ao longo do tempo, para avaliar o consumo energético dos encaminhadores. Como resultados, pudemos perceber que a comunicação D2D, dependendo da aplicação, protocolo e quantidade de encaminhadores, pode ocasionar tanto economia quanto gasto adicional de energia. O principal fator para alterar este comportamento foi o protocolo, no entanto, a velocidade de mobilidade e quantidade de nós participantes do encaminhamento também afetou.

No experimento com Multicast, pudemos perceber que a inserção de encaminhamento sempre ocasionará em aumento de consumo energético. Da mesma forma, o experimento com TCP aumentou o consumo de energia todas as vezes que incluíamos mais encaminhadores no cenário.

Já quando utilizamos UDP, realizamos experimentos com VoIP e *streaming* de vídeo. Em ambos não foi possível identificar resultados que pareçam apontar para uma função que tenha um ponto ótimo bem definido. Os cenários apresentaram resultados dinâmicos, em que ora se tinha maior consumo energético com uma quantidade de nós, ora menor, dependendo da variação de mobilidade e tamanhos de pacote, para o caso de *streaming* de vídeo.

Comparando os experimentos de *streaming* de voz, com suas variações de velocidade de mobilidade, obteve destaque o experimento com velocidade de 5 m/s. Este foi o que obteve os menores valores de consumo energético, inclusive no cenário sem encaminhadores, se comparando-o com os outros experimentos de velocidade de 1 e 2 m/s.

Nos experimentos de *streaming* de vídeo o comportamento de menor consumo foi variado. Pudemos perceber que, independente do cenário, o tamanho dos pacotes pouco influenciou os resultados.

Diante de tantas nuances e variações nas análises destes resultados, é possível perceber que é grande a gama de simulações que se pode realizar para cada vez entender mais o consumo energético nestes contextos. Se poderia, por exemplo, realizar ainda mais variações em novas simulações com outros tipos de aplicação, outras velocidades de mobilidade e tamanhos de pacote e arquivos diferentes.

Como trabalhos futuros, além da pretensão de realizar novas simulações para refinar cada vez mais as conclusões de cada tipo de comportamento energético, há ainda alguns tópicos de interesse como:

- realizar simulações considerando a geração de energia na rede;
- verificar o comportamento de consumo energético com outros modelos de mobilidade;
- implementar um módulo de bateria que possibilite, pelo menos, considerar estados diferentes no consumo de energia;
- considerar alocação de recursos pra economizar energia.

Além destes tópicos, há outros pontos de pesquisa em aberto sobre esta temática que poderão ser considerados como trabalhos futuros, como:

- Mecanismos de incentivos ao encaminhamento em redes móveis [18].
- A segurança e a privacidade da rede e dos dispositivos também são preocupações que merecem cuidado, principalmente nos cenários em que passa a existir comunicação direta (D2D) ou encaminhada entre dispositivos e máquinas e um contexto de Internet das Coisas [16].
- O impacto do descarregamento de tráfego e distribuição de conteúdo para as bordas [63].

Diante destas discussões, é possível visualizar uma outra tecnologia em que a comunicação D2D na 5G será de suma importância, principalmente quando considerando a eficiência energética: a Internet das Coisas (IoT). A 5G passará a ser parte integrante da Internet das Coisas, integrando diversos tipos diferentes de dispositivos, formando uma rede em comum por meio de uma conexão com a Internet [16]. Na IoT é precípua a comunicação D2D entre os dispositivos autônomos e também deles com os dispositivos de interação humana. À 5G fica o desafio de prover conectividade para tais equipamentos em diversificados contextos, com o menor consumo de energia possível.

As comunicações entre dispositivos abrem uma gama de novas possibilidades para as redes de computadores. O lançamento oficial da 5G em 2020 e o advento do crescimento da IoT são potencializadores para a adesão a este tipo de comunicação. Nos próximos anos, uma série de novidades e desafios poderão ser esperados. Do autor desta dissertação fica o mais sincero desejo de que este trabalho possa servir como auxílio para outros pesquisadores que também embarcam neste complexo emaranhado de tecnologias de nova geração.

Referências Bibliográficas

[1] PRESSMAN, R. *Engenharia de software - 7.ed.* McGraw Hill Brasil, 2011. Acessado em: 05/18.

[2] LEE, J.; YI, Y.; CHONG, S.; JIN, Y. Economics of WiFi offloading: Trading delay for cellular capacity. Technical report, Cornell University Library, 2012.

[3] CISCO. Cisco Visual Networking Index: Forecast and Trends, 2017–2022 White Paper. Disponível em `https://www.cisco.com/c/en/us/solutions/collateral/service-provider/visual-networking-index-vni/white-paper-c11-741490.html{\#}{\_}Toc532256795`, 2019. Acessado em: 03/18.

[4] NETO, A.; JUNIOR, J.; NEUMAN, J.; CERQUEIRA, E. Context-aware ehealth information approach for the brazilian primary healthcare system. In: . c2013. p. 274–276.

[5] FORBES MEDIA LLC. AI and machine learning take center stage at Intel analytics summit. Disponível em `https://bit.ly/30uELPE`, 2016. Acessado em: 10/17.

[6] 3GPP. 3GPP Release 12. Disponível em `https://www.3gpp.org/specifications/releases/68-release-12`, 2015. Acessado em: 03/19.

[7] DUA, A.; KUMAR, N.; BAWA, S. QoS-aware data dissemination for dense urban regions in vehicular ad hoc networks. *Mobile Networks and Applications*, v. 20, n. 6, p. 773–780, Dec. 2015.

[8] VUKOBRATOVIC, D.; JAKOVETIC, D.; SKACHEK, V.; BAJOVIC, D.; SEJDINOVIC, D.; KURT, G. K.; HOLLANTI, C.;

FISCHER, I. CONDENSE: A reconfigurable knowledge acquisition architecture for future 5G IoT. *IEEE Access*, v. 4, p. 3360–3378, 2016.

[9] GUPTA, A.; JHA, R. K. A survey of 5G network: Architecture and emerging technologies. *IEEE Access*, v. 3, p. 1206–1232, 2015.

[10] PANWAR, N.; SHARMA, S.; SINGH, A. K. A survey on 5G: The next generation of mobile communication. *Elsevier Physical Communication*, v. 18, n. 2, p. 64–84, 2016.

[11] BORGES, V. C. M.; CARDOSO, K. V.; CERQUEIRA, E.; NOGUEIRA, M.; SANTOS, A. Aspirations, challenges, and open issues for software-based 5G networks in extremely dense and heterogeneous scenarios. *EURASIP Journal on Wireless Comnunications and Networking*, v. 2015, n. 1, p. 164, 2015.

[12] WANG, C. X.; HAIDER, F.; GAO, X.; YOU, X. H.; YANG, Y.; YUAN, D.; AGGOUNE, H. M.; HAAS, H.; FLETCHER, S.; HEPSAYDIR, E. Cellular architecture and key technologies for 5G wireless communication networks. *IEEE Communication Magazine*, v. 52, n. 2, p. 122–130, Feb. 2014.

[13] 3GPP. 3GPP Release 16. Disponível em `https://www.3gpp.org/release-16`, 2018. Acessado em: 03/19.

[14] GANDOTRA, P.; JHA, R. K. Device-to-device communication in cellular networks: A survey. *Journal of Network and Computer Applications*, v. 71, p. 99–117, Aug. 2016.

[15] CARVALHO, M.; BRITTO, E. D.; SILVA, V. F.; MACEDO, D. F. QD4G : QoE para Vídeo em Redes D2D / 4G com Aprendizado de Máquina. *Anais do XXXVII Simpósio Brasileiro de Redes de Computadores e Sistemas Distribuídos - SBRC 2019*, p. 188–201, 2019.

[16] PINTO JUNIOR, J. S.; SANTOS E SILVA, C. D.; DOMINGOS XAVIER, D. et al. Segurança em internet das coisas: Um survey de soluções lightweight. *Revista de Sistemas e Computação-RSC*, v. 7, n. 2, 2017.

[17] HÖYHTYÄ, M.; APILO, O.; LASANEN, M. Energy Consumption Analysis of D2D Communication in 5G Systems: Latest Advances in 3GPP Standardization 4. 2017.

[18] CHRISTIANI, D. D. M. C.; ROCHA, A. D. A.; CAMPOS, C. A. V. Um mecanismo distribuído de incentivo baseado em crédito para redes oportunistas. 2018.

[19] LIN, X.; ANDREWS, J. G.; GHOSH, A.; RATASUK, R. An overview of 3GPP device-to-device proximity services. *IEEE Communications Magazine*, v. 52, n. 4, p. 40–48, 2014.

[20] MOHSEN NADER TEHRANI, M. U.; YANIKOMEROGLU, H. Device-to-device communication in 5g cellular networks: Challenges, solutions, and future directions. *IEEE Communication Magazine*, v. 52, n. 5, p. 86–92, May 2014.

[21] MA, B.; SHAH-MANSOURI, H.; WONG, V. W. S. A matching approach for power efficient relay selection in full duplex D2D networks. *2016 IEEE International Conference on Communications, ICC 2016*, p. 0–5, 2016.

[22] OMNET++. Manual INET Framework for OMNeT++, 2016.

[23] VIRDIS, A.; STEA, G.; NARDINI, G. SimuLTE – A Modular System-level Simulator for LTE / LTE-A Networks based on OMNeT ++. *Proceedings of SimulTech*, p. 28–30, 2014.

[24] 3GPP. About 3GPP. Disponível em `https://www.3gpp.org/about-3gpp/about-3gpp`, 2019. Acessado em: 03/19.

[25] NOHRBORG, M. LTE Overview. Disponível em `https://www.3gpp.org/technologies/keywords-acronyms/98-lte`, 2011. Acessado em: 03/19.

[26] TUTORIALPOINT. LTE Radio Protocol Architecture. Disponível em `https://www.tutorialspoint.com/lte/lte_radio_protocol_architecture.htm`, 2019. Acessado em: 05-2019.

[27] SEKIJIMA, L. R. F.; FONSECA, N. L. S. Estudo de simulações realistas em redes de acesso móveis LTE / LTE-A. Technical report, Universidade Estadual de Campinas, 2018.

[28] 3GPP. 3GPP Release 13. Disponível em https://www.3gpp.org/release-13, 2015. Acessado em: 03/19.

[29] 3GPP. 3GPP Release 14. Disponível em https://www.3gpp.org/release-14, 2017. Acessado em: 03/19.

[30] 3GPP. Tentative 3GPP timeline for 5G. Disponível em https://www.3gpp.org/news-events/3gpp-news/1674-timeline_5g, 2015. Acessado em: 03/19.

[31] 3GPP. 3GPP Release 15. Disponível em https://www.3gpp.org/release-15, 2018. Acessado em: 03/19.

[32] DIGITAL, O. Primeiras redes 5G entram em operação no mundo. Disponível em https://olhardigital.com.br/video/primeiras-redes-5g-entram-em-operacao-no-mundo/84448, 2019. Acessado em: 04/19.

[33] LEBRE, M.-A. et al. VANET applications: Hot use cases. Technical report, Cornell University Library, 2014.

[34] PRIYANKA RAWAT, K. D. S.; BONNIN, J. M. Cognitive radio for M2M and internet of things: A survey. *Elsevier Computer Communications*, v. 94, p. 1–29, Nov. 2016.

[35] BHUSHAN, N. et al. Network densification: the dominant theme for wireless evolution into 5g. In: . c2014.

[36] AKYILDIZ, I. F.; LEE, W.-Y.; CHOWDHURY, K. R. CRAHNs: Cognitive radio ad hoc networks. *Elsevier: Ad Hoc Networks*, v. 7, n. 5, p. 810–836, July 2009.

[37] HONG, X. et al. Cognitive radio in 5G: a perspective on energy-spectral efficiency trade-off, jul 2014.

[38] CHINA MOBILE RESEARCH INSTITUTE. C-ran: The road towards green ran. Disponível em http://labs.chinamobile.com/cran/wp-content/uploads/CRAN_white_paper_v2_5_EN.pdf, 2011. Acessado em: 03/19.

[39] HAN, B.; GOPALAKRISHNAN, V.; JI, L.; LEE, S. Network function virtualization: Challenges and opportunities for innovations. *IEEE Communication Magazine*, v. 53, n. 2, p. 90–97, Feb. 2015.

[40] WANG, X. et al. Cache in the air: Exploiting content caching and delivery techniques for 5G systems. *IEEE Communication Magazine*, v. 52, n. 2, p. 131–139, Feb. 2014.

[41] 3GPP. 3GPP Release 10. Disponível em `https://www.3gpp.org/specifications/releases/70-release-10`, 2011. Acessado em: 03/19.

[42] NARDINI, G.; VIRDIS, A.; STEA, G. Simulating device-to-device communications in OMNeT++ with SimuLTE : scenarios and configurations. *OMNeT++ Community Summit 2016*, p. 2–5, 2016.

[43] WHITBECK, J.; LOPEZ, Y.; LEGUAY, J.; CONAN, V.; De Amorim, M. D. Push-and-track: Saving infrastructure bandwidth through opportunistic forwarding. *Pervasive and Mobile Computing*, v. 8, n. 5, p. 682–697, 2012.

[44] REBECCHI, F.; DE AMORIM, M. D.; CONAN, V. Should I seed or should I not: On the remuneration of seeders in D2D offloading. In: . IEEE, c2016. p. 1–9.

[45] RÜCKERT, J.; RICHERZHAGEN, B.; LIDANSKI, E.; STEINMETZ, R.; HAUSHEER, D. TOPT: Supporting flash crowd events in hybrid overlay-based live streaming. *Proceedings of 2015 14th IFIP Networking Conference, IFIP Networking 2015*, 2015.

[46] KARUNAKARAN, P.; BAGHERI, H.; KATZ, M. Energy efficient multicast data delivery using cooperative mobile clouds. *European Wireless, 2012. 18th European Wireless Conference*, p. 1–5, 2012.

[47] The Statistics Portal. Global market share of lithium ion battery makers in the 1st quarter of 2018. Disponível em `https://www.statista.com/statistics/235323/lithium-batteries-top-manufacturers/`, 2018. Acessado em: 02/19.

[48] PANASONIC. Panasonic overview lithium-ion batteries. Disponível em https://industrial.panasonic.com/ww/products/batteries/secondary-batteries/lithium-ion, 2007. Acessado em: 02/19.

[49] Feeney, L. M.; Rohner, C.; Gunningberg, P.; Lindgren, A.; Andersson, L. How do the dynamics of battery discharge affect sensor lifetime? In: . c2014. p. 49–56.

[50] FEENEY, L. M. Towards a better battery model for inet. *Proceedings of the OMNeT++ Community Summit 2016*, p. 1–5, 2016.

[51] ROUIL, R.; CINTRÓN, F. J.; Ben Mosbah, A.; GAMBOA, S. Implementation and Validation of an LTE D2D Model for ns-3. *Workshop on ns-3 (WNS3)*, p. 55–62, 2017.

[52] PASCA, S. T. V.; AKILESH, B.; ANAND, A. V.; TAMMA, B. R. A NS-3 module for LTE UE energy consumption. *2016 IEEE International Conference on Advanced Networks and Telecommunications Systems, ANTS 2016*, , n. November 2017, 2017.

[53] VARGAS, A.; OPENSIM. OMNeT++ Simulation Manual, 2016.

[54] VARGA, A.; HORNIG, R. AN OVERVIEW OF THE OMNeT++ SIMULATION ENVIRONMENT. *Proceedings of the First International ICST Conference on Simulation Tools and Techniques for Communications Networks and Systems*, 2008.

[55] VIRDIS, A.; STEA, G.; NARDINI, G. Simulating LTE / LTE-Advanced Networks with SimuLTE. *Simulation and Modeling Methodologies, Technologies and Applications*, v. 402, n. January, p. 83–105, 2015.

[56] VIRDIS, A.; NARDINI, G.; STEA, G. Modeling unicast device-to-device communications with SimuLTE. *Procedings of 1st International Workshop on Link and System Level Simulations, IWSLS 2016*, p. 29–34, 2016.

[57] INET API. Modeling Power Consumption. Disponível em https://inet.omnetpp.org/docs/users-guide/ch-power.html, 2019. Acessado em: 04/19.

[58] MIXIM. MiXiM project. Disponível em `http://mixim.sourceforge.net/`, 2019. Acessado em: 09/18.

[59] MASOUDI, M.; CAVDAR, C. Cloud vs edge computing for mobile services: Delay-aware decision making to minimize energy consumption. Disponível em `http://arxiv.org/abs/1711.03771`, 2017. Acessado em: 01-2019.

[60] ZHANG, J.; XIA, W.; YAN, F.; SHEN, L. Joint Computation Offloading and Resource Allocation Optimization in Heterogeneous Networks With Mobile Edge Computing. v. 6, 2018.

[61] OMNET API. Mobility models. Disponível em `https://inet.omnetpp.org/docs/showcases/mobility/basic/doc/index.html`, 2019. Acessado em: 09/18.

[62] MAMMERI, Z. *Wireless and mobile networking: Ifip joint conference on mobile wireless communications networks (mwcn'2008) and personal wireless communications (pwc'2008), toulouse, france, september 30 - october 2, 2008.* IFIP Advances in Information and Communication Technology. Springer US, 2010.

[63] BASTOS, I. V.; MORAES, I. M.; THI-MAI-TRANG, N.; PUJOLLE, G. Modelo e Avaliação da Recuperação de Conteúdos Através de Funções de RedeS Virtuais na Arquitetura de Computação na Borda em Redes Móveis. *Anais do XXXVII Simpósio Brasileiro de Redes de Computadores e Sistemas Distribuídos - SBRC 2019*, p. 766–779, 2019.

Impressão e acabamento
Gráfica da Editora Ciência Moderna Ltda.
Tel: (21) 2201-6662